目录

谨以此书献给我的伴侣和精神支柱——劳伦女神。

推荐语

这是一部写得很好、很有说服力、很有用的手册，可以让知识工作者保持清醒。

——戴维·艾伦，GTD方法提出者，畅销书《搞定》作者

从事困难的创造性工作的人的必读书目。我们都在为有太多的想法而挣扎，但却没有相应的行动系统。蒂亚戈创造了一个结构，让我们在一个超载的时代掌控信息。

——斯科特·扬，《如何高效学习》作者

阅读本书感觉像获知一个大秘密。福特提供了强效、优雅且深刻的人性化解决方案，让我们得以面对最艰难的挑战，为数字时代赋予意义。对于个人知识管理感兴趣的读者们，这是不容错过的好书。

——赖德·卡罗尔，畅销书《子弹笔记》作者

我们都应当关切如何提升数字工具的效能。福特的书提供了绝佳指引。本书有助于你以更高效的方法组织资讯，从而取得更好的工作成果。

——西蒙·拉斯特，Notion联合创始人

这是我今年最喜欢的书之一。它完全重塑了我思考信息的方式，以及我做笔记的方式和原因。

——丹尼尔·平克，畅销书《驱动力》作者

《打造第二大脑》完全改变了我的生活！这本书很好地提炼出了关键的思想。

——阿里·阿布戴尔，YouTube知名效率博主，创业者

我过去十几年一直在使用福特的方法。它是真正有用的方法。

——赛斯·高汀，营销专家，《这才是营销》作者

《打造第二大脑》将使你重新思考你与知识的关系。福特提供了一种新范式，即从疲惫地追求自我完善转向自由地自我表达。读完这本书后，你能够专注于重要的事情：连接思想和产生洞见。

——安妮一劳尔·勒库纳夫，奈斯实验室的创始人

《打造第二大脑》不是仅仅提供了另一种提高效率的方法，它更是管理现代生活复杂性的生存指南。

——克里斯·吉尔博，畅销书《魔力创业》作者

序

第二大脑，前景无限

你是否也和许多人一样，常常在不经意间遗忘了某些要事，并为此深感苦恼呢？

也许你在某次高谈阔论中抛出了某个令人惊艳的观点，却在需要援引案例支撑时陷入语塞；也许你在某次通勤或旅途中构思出了某个绝妙的想法，却在抵达目的地时忘得一干二净；也许你在某篇文章或某本书中领悟出了某个深刻的启示，却在试图重温回味时脑子里一片空白……

在当今这个信息爆炸的时代，上述经历对于我们来说可能会变得越来越稀松平常。各种光怪陆离的人生建议——以启智、养生或是祈福之名，潮水一般地向我们涌来。海量的书籍、播客、文章和视频，常常令我们应接不暇。然而，在我们汲取的所有知识中，有多少能够真正发挥效用，又有多少尚未经历实践检验，便已经被抛诸脑后了呢？

我们耗费了无数的时间阅读、倾听和观摩他人提供的处世原则、思考方式以及生活经验，但却很少花心思细细咀嚼并化为己有。很多情况下，我们不过是一个个“人形存储器”，明明囤积了大量的心灵鸡汤，却反而让自己变得越发焦虑。

本书致力于为你提供改善之策。正如你所见的，无论通过哪个媒体平台购买的在线内容产品都是重要且有价值的，唯一的问题在于，你接受这些信息服务的时机可能需要有所调整。

你对于某本商业刊物的挑选和阅读是否恰逢其时？你从某场访谈直播中获取的种种观点是否都现实可行？你邮箱中的未读邮件是否全部需要第一时间沉下心处理？比较普遍的情况是，有一部分信息是事关当下的，而其他大多数信息则需经历一定时间的酝酿发酵，直到未来的某一时刻才会体现出价值。

为了对这些重要信息加以延迟利用，我们需要学会将其妥善打包并适时交付给未来的自己。我们需要培养一套专属于自己的知识体系，以便当机遇出现时——无论是工作变动、大型展示、产品发布、创办企业抑或组建家庭——我们能充分调用相关的知识与智慧，采取明智决策和有效行动。而上述目的的达成，往往只须从一次简单的记录行为开始。

针对个人知识管理领域的研究兴起于20世纪90年代，旨在帮助高校学生有效处理通过在线图书馆接触的大量信息。它是所谓的“知识管理”系统（研究公司和其他组织的知识运用策略）在个人领域的对应概念。

以培养简单的“记录”习惯为引，我将会向你逐步展示本人在充分借鉴“个人知识管理”（PKM）领域最新成果的基础上潜心开发的所谓第二大脑系统。正如个人电脑引领技术革新、个人理财成就财富革新、个人绩效带来职业革新一样，个人知识管理也将帮助我们充分挖掘蕴藏在知识里的强大潜能。技术的革新和应用的升级创造了源源不断的发展机遇，而岁月的沉淀和时光的检验则蚀刻出恒久不变的经典原理。本书想要和读者们分享的，则是建立在后者基础之上的诸多宝贵经验。

《打造第二大脑》一书将会帮助你：

瞬时调取曾经学习、接触或思考过的任何信息；

更加有效地运用所学知识推进你的项目和目标；

将你的绝妙想法妥善记录，以备不时之需；

推动某些积极理念的跨界运用，让生活变得更加美好；

通过引入某种可靠的系统，帮助你更加轻松自信地驾驭各项工作；

让你忙里偷闲，将追踪各种细节的任务托付给值得信赖的系统；

进一步提高搜索效率，为你节省大量时间以便投入你最擅长的创造性工作中。

该比喻乃是史蒂夫·乔布斯首创，用于形容个人计算机的广阔前景。

一旦你对人与信息之间的关系发生改观，那么你将逐渐认识到，所谓技术不仅仅表现为某块具体的存储介质，而更应被视为一种思考工具。技术是一部“心灵单车”，倘若善加运用，我们的认知能力便可获得显著增强，我们的成功步伐亦将得以空前加快。

关于该系统的其他一些常用术语还包括“Zettelkasten”（德语意为“卡片盒”，由极富影响力的社会学家尼古拉斯·卢曼提出）、“记忆扩展器”（由美国发明家万尼瓦尔·布什提出）和“数字花园”（由著名网络创作者安妮—劳尔·勒库纳夫提出）等。

在本书中，你将了解到如何构建自己的知识管理系统，也即所谓的第二大脑——当然也有一些学者将其称为“个人云”“田野笔记”或是“外部大脑”。无论如何称呼，它都意指一套数字档案系统，用以存储你最为宝贵的记忆、想法和知识，帮助你更加轻松地完成工作、经营业务和管理生活，而无须耗费大量脑力记忆各种烦琐信息。第二大脑好比一座装在口袋里的个人图书馆，为个人记忆的存取提供极大便利，帮助你在心想事成的康庄大道上阔步向前。

我愈发确信，个人知识管理乃是当今世界最为基础的挑战之一，同时也是最具潜力的机遇之一。面对着海量信息的汹涌而至，我们每个人都迫切需要一套知识管理系统加以应对。无论是学生、高管、企业家，还是经理、工程师、作家抑或其他角色，每个人都在探索如何在自己与各种所涉信息之间建立起一种更富成效和更具能量的关系。

只有懂得利用科技驾驭信息的人，才能在逐梦之路上无往不利。与此同时，鉴于生物大脑在日常生活的信息爆炸面前疲态尽显，若仍过分依赖，恐其难堪重负。

我曾花费了数年时间研究以往的一些多产的作家、艺术家和思想家如何管理他们的创作过程。无数个日日夜夜，我都在苦苦追寻如何利用科技手段扩展和增强人类自身的认知能力，并尝试使用现今的各种工具、手段和技术探求信息的真谛。在与来自世界各地的千万受众分享如何挖掘思想潜力的过程中，我总结出许多绝佳的观点和见解，又经过进一步的去粗取精之后，收录于本书之中。

第二大脑是触手可及的。它将帮助你解锁自身的潜在优势以及创新潜能。从此你将摆脱遗忘的困扰，尽情释放自己，比以往任何时候都能够充分享受事半功倍的快感。

下一部分中，我将会与你分享其是如何构建起属于自己的第二大脑的。其中的一些经验和感悟，可能会对有志于此的读者们有所帮助。

第一部分

万丈高楼平地起

——没有做不到只有想不到

第一章

梦开始的地方

头脑的价值在于创意而非记忆。

——戴维·艾伦，《搞定》（*Getting Things Done*）作者

犹记得大学三年级的一个春日里，我突然毫无征兆地感到了一阵轻微的咽喉痛。

我起初以为这是流感发作的前兆，但是医生却告诉我，没有发现任何疾病的迹象。接下来的数月间，我的咽痛越发严重起来，于是我又寻访了一些更加专业的医生，然而他们也都众口一词地表示："你的身体好着呢，没啥毛病。"

由于无法对症下药，我的咽痛仍在日益加剧，以至于后来竟然发展到了影响正常说话、吞咽和咧嘴的地步。迫切想要揭开这一谜团的我，几乎尝试了所有能够想到的医学诊断和化验检查，但每次都无功而返。

岁月的川流不断消磨掉我的信心，让我不知该如何与生活达成和解。为了让自己从疼痛中暂时抽离出来，我开始服用强效的抗癫痫药物，但这却带来了一些可怕的副作用，包括全身麻痹以及严重的短期记忆丧失。无论是读过的书、走过的路，还是爱过的人，统统被丢进了遗忘的角落。时年24岁的我，大脑机能却仅与8岁孩童相当。

随着自我表达能力的不断退化，我的心态也终于由沮丧沦为绝望。由于无法畅所欲言，许多我本应享有的生活内容——真挚的友谊、热烈的爱情、说走就走的旅行以及令人向往的职业——似乎都纷纷与我不辞而别了。难道属于我的人生舞台，还未开场，便已经匆匆谢幕了么？

柳暗花明——文字记录的力量

一天，我又例行公事般地来到某位医生的办公室里候诊。坐着坐着，本来百无聊赖的脑海里突然灵光闪现，让我猛地意识到自己正处于一个重要的转折点。从今往后，我应当对自己的病情和治疗负起责任，否则只会让自己在一次次求医未果的辗转轮回中耗尽余生。

于是我拿出日记本，开始写下自己的所思所感。这是我第一次以第一人称视角记录下自己的病史。我将各种治疗方案的疗效一一罗列出来，同时还写下了自己的偏好与厌恶、妥协与坚持，以及如果能够从这个痛苦的世界中解脱出来，对我来说意味着什么。

随着自己的健康史在纸本上不断变得清晰，我也渐渐明白了自己应当何去何从。我倏地站起身来，走向前台索要我的完整病历。负责接待的护士有些疑惑地看了看我，不过在简单地询问了几句之后，她还是翻出了我的档案并开始复印起来。

鉴于我的病历厚达数百页，利用纸笔誊抄显然是不切实际的。于是我开始使用家用电脑将这些文字一一扫描下来，并将其转化为可以搜索、重组、注释以及共享的电子文本。自此我正式成为自己病情的“经纪人”，详细记录下医生的每一句诊断，尝试他们提出的每一条建议，并整理出相应的问题，以便在下次就诊时提出和讨论。

当所有的信息被整合在一起时，真相开始渐渐浮出水面。在医生的帮助下，我发现了一种名为“功能性发声障碍”的疾病，它涉及吞咽功能所需的50多对肌肉，其中任何一对出现问题都有可能产生发声障碍。我突然意识到，自己正在服用的药物在对各种疼痛症状加以缓解的同时，也将疼痛背后的真正病因彻底掩盖住了。我所罹患的并非某种可以使用药物根除的疾病或感染——而是一种功能障碍，需要通过改变日常生活方式加以调治。

我在此要感谢来自“数字化自我”社区（Quantified Self community）的帮助。这是一个区域性的组织，成员们在此分享如何通过跟踪自己的健康、工作效率、情绪或行为，进一步加深自我感知和了解。

于是我开始研究呼吸、营养、发声习惯乃至童年经历对人体神经系统的影响。我开始了解何谓“身心合一”，而我的想法和感受又将引发怎样的生理反应。在做足各项功课的基础上，我设计了一个实验：尝试一些简单的生活方式的改变，例如改善饮食、定期冥想以及在言语治疗师的建议下开展发声练习等。令我倍感震惊的是，这些做法几乎立竿见影。虽然我的疼痛尚未消除，但它的确变得更加可控了。

每当回顾起这段经历时，我都确信自己的这套笔记在缓解病情方面所发挥的重要作用不输给任何药物或治疗手段。这些文字让我能够跳出各种症状细节，从不同的角度看待病情，并有助于将各种新信息转化成为切实可行的解决方案，无论对于外部的药物介入还是内部的心理调适来说均是如此。

从那时起，我便对科技在信息传递方面所蕴含的巨大潜力感到如痴如醉。我开始意识到，利用电脑记录文字只不过是冰山一角而已。一旦有了数字化手段的加持，那么笔记便不再局限于简短的手写和涂鸦——可以采用任何形式，包括图像、链接以及任何类型和大小的文件。数字领域内蕴含着一股神奇的、原生的自然之力，帮助我们对信息进行加工塑造，以利于实现各种目标。

后来，数字笔记开始融入我生活的其他方面。在大学课堂上，我将一堆凌乱无序的活页装订笔记本替换成了一套整洁美观而又便于搜索的电子课程集。根据我所掌握的技巧，只须在课堂上将最为关键的要点记录下来，再根据实际需要，利用电子课程集复习备考或是撰写论文即可。此前我一直是个成绩平平的学生，老师每次在寄送给我的成绩单上总忘不了要将我的专注力弱和爱开小差等缺点数落一番。所以，当我最终带着几乎全优的平均成绩以及各种学校荣誉顺利毕业时，你可以想象得出我该是多么地欢欣鼓舞。

颇为不走运的是，我这一届的毕业生偏偏赶上了2008年金融危机之后经济最为不景气的时候。由于在美国国内很难找到就业机会，我最后加入了和平队（Peace Corps，一个派遣美国公民前往发展中国家从事服务工作的海外志愿者项目），并被分配到乌克兰东部乡村的一所小学校，在两年的任期内为当地8到18岁的学生们教授英语。

乡村里的匮乏资源使我的教学工作尤为捉襟见肘，幸而我的笔记系统再次成为一盏指路明灯。我将课程和练习的案例保存于各种媒介：教科书、网站以及公用优盘中。为了让三年级的学生们更加充满热情和积极性，我还将英文短语、常用表达以及俚语加以糅合，并匹配到相应的文字游戏中。我与高年级的学生们一起分享提高工作效率的基本要素——如何合理安排时间、做好课堂笔记以及科学制定学习目标和计划。这些技能伴随着孩子们在成长、成才和成功之路上披荆斩棘，为他们的生活不断增添硕果。以至于许多年过去，我仍会经常收到来自学生们的感谢信，字里行间洋溢着的感激之情对我而言是一笔毕生难忘的精神财富。

两年的服务期届满后，我回到了美国，并有幸在旧金山的一家小型咨询公司里谋得了一份分析师的工作。虽然职业生涯的正式开启着实令我感到兴奋，但一个严峻而重大的挑战也随之而来：作为一个刚从乌克兰的农村搬来硅谷中心的超级菜鸟，我完全没有为现代化企业中那种疯狂到令人窒息的输出节奏做好一丝准备。我每天都会收到数百封电子邮件，每小时则要处理数十条消息，办公室里各种机器设备发出的叮叮咚咚声融汇成一首永不停歇的交响曲，不断侵扰着我几近崩溃的神经。我记得我曾不止一次地环顾四周的同事，脑袋上挂满了问号：“怎么可能有人做得完这么多事情呢？他们是参透了什么奥义么？”

而我则只知道一个技巧，那就是好记性不如烂笔头。

于是我开始使用数字笔记应用将自己学习到的所有内容一一记下。无论开会、打电话还是在线调查，我都会做好相应的笔记。我将从调查报告中发现的各种实例收集下来，并在给客户演示的幻灯片中加以引用；我将从社交媒体上看到的各种观点摘抄下来，并在公司内部的社交渠道中加以分享；我将从经验老到的同事们那里获得的各种点拨记录下来，并在学思相长的过程中加以细品。每当开启一个新项目时，我都会在电脑上创建一个专属空间，存放与之相关的所有信息，以便自己更好地厘清头绪以及做出决策。

随着信息爆炸的硝烟渐渐散去，我对于“在正确的时间找到正确的信息”这种事情变得愈发自信。同事们开始称呼我为“大神”，因为我总是能够翻出他们急需调阅的文件、提供他们孜孜以求的案例，或是复述某位客户三周前发表的某个意见。当你成为整个办公室里唯一一位掌握着所有重要细节的关键先生时，强烈的满足感便油然而生。这也是我从发掘信息价值的过程中收获到的一种正向激励。

二次蜕变——发现分享的力量

长期以来，我收录的笔记和文件都是仅限于自用的。然而在为一些蜚声全球的重量级客户提供咨询服务的过程中，我开始意识到，自己的笔记还可能成为一种商业资产。

我从自家公司发表的一份报告中了解到，全美范围内所有有形资产（例如土地、机械和建筑物等）的价值约为10万亿美元。然而就是这一天文数字，竟然还不及人力资本价值总量（预估值）的五分之一甚至十分之一，真可谓高下立判。所谓的人力资本，包括“人类自身展现出的一系列知识与技能——教育、经验、智慧、技术、人际关系、常识判断以及直觉思维等”。

如果该报告内容属实，那么我的个人笔记库是否亦可成为一种随着时间推移而滚雪球般积累壮大的知识资产呢？虽然彼时我尚未发明出第二大脑这样的表述，但笔记系统于我而言已不再仅仅是一种单纯的工具，而是一位忠实的知己和精神搭档。当我印象模糊时，它帮助我重拾记忆；当我迷失方向时，它指引我前进的道路；当我茫然无措时，它提示我破局之策。

记得有一天，几位同事向我求教信息的组织方法。我发现他们几乎每个人都会使用各种生产力工具，例如纸质记事本或者智能手机上的应用程序等，然而问题在于，他们在使用方法上缺乏系统性和目的性。他们通常会比较随意地将信息从一处搬运至另一处，仅仅为了应付眼前需求，而很少考虑是否便于日后再度调取。几乎每一个新上架的效率提升应用都会声称自己取得了种种突破，但到头来往往只是平添了额外的管理成本而已。

从那一天起，我便常常在午餐时间与同事们畅聊信息管理知识，后来慢慢形成了兴趣小组，成立了工作坊，最终还发布了面向公众的付费课程。当我向越来越多的人传授自己的心得，并亲眼见证他们在工作和生活中所取得的立竿见影的变化时，我开始意识到，自己正在打开一扇新世界的大门。我在与慢性疾病长期斗争的过程中总结出了一种信息管理方法，能够更加及时地解决问题和呈现结果，而无须经历遥遥无期的等待。后来我又将这种方法拓展到生活中的其他领域，并提炼出了一套更具整体性的信息组织系统——它适用于各种目的、项目或目标——而非仅限于一次性的任务。不仅如此，通过这一系统，我还可以将手头上的任何信息轻而易举而又毫无保留地加以分享并造福他人。

第二大脑系统：起源

感兴趣的读者可访问https://www.buildingasecondbrain.com/course，以了解更多。

我将自己开发的上述系统命名为第二大脑，并在博客上分享相关的运作机制。这些想法的分享在粉丝群体里引发了超乎想象的广泛共鸣，一些相关作品也获得了《哈佛商业评论》《大西洋月刊》《公司速递》《公司》等出版物的纷纷刊载。其中，我撰写的一篇关于如何使用数字笔记提高创造力的文章在生产力社区内疯狂传播。我还受邀前往基因泰克（Genentech）、丰田（Toyota）和泛美开发银行（Inter-American Development Bank）等富有影响力的大公司开展演讲和参与研讨。2017年初，我决定创建一个名为“打造第二大脑”的在线课程，以便在更大范围内推广我的这套系统。此后的数年间，该计划培训了来自全球一百多个国家和各行各业的数千名毕业生，并催生出一个充满活力和探究精神的知识社区，为第二大脑系统的进一步打磨和完善提供源源不断的智力支持。

在接下来的章节中，我将会深度阐述第二大脑系统是如何在无数前人（在脑力开发领域不断求索和开拓的大量作家、科学家、哲学家、领导者，以及众多名不见经传的人物）悉心耕耘的基础上一脉相承并发扬光大的。随后，我还会向你介绍一些成功之路上必备的基本原则和工具。在本书的第二部分——“方法，还是方法”中，你将会详细了解如何通过四大步骤构建自己的第二大脑，以便在信息的抓取和分享方面更加有的放矢。第三部分——“质变时刻”则针对如何运用第二大脑提供了一整套强大的实战攻略，帮助你提升工作效率、达成目标愿景，实现事业和生活的双丰收。

通过分享自己的亲身经历，我想要传递的信息是，本书无意向你兜售某种乌托邦式的理想生活。每个人都会在人生的某个阶段经历痛苦、失误与挣扎。我也曾经历过无数挑战，不过无论身处何方，我都无比珍视自己的精神思想，这也是驱使着我一路披荆斩棘、成就梦想的关键因素。

你可能会在“自我提升”类的书架上翻阅到本书。然而从更深层次的意义上来说，“第二大脑”是与“自我提升”相对的，它是独立于我们自身以外的一个系统，一个突破了我们自身局限和约束的系统。它能够让你欣然接受自身的不完美，放飞身心、活在当下，不断追寻生命的真谛。

第二章

何谓第二大脑？

人类之所以能够不断超越极限，靠的不是像驱使机器一般消耗精力，或是像锻炼肌肉一般堆砌信息——而是像灌溉良田一般滋养思想，像穿针引线一般孕育智慧。

——安妮·墨菲·保罗，《延伸的心灵》（*The Extended Mind*）作者

信息是一切工作的基石。

对于任何一项任务来说——无论是执行新项目、谋求新职位、学习新技能，还是开创新事业，都离不开信息的收集和利用。信息管理的效能水平与每个人的职业发展和生活质量息息相关。

据《纽约时报》报道，当今社会平均每人每天的信息处理量已经达到了34GB的天量水平；而根据《泰晤士报》刊载的另一项独立研究测算，当代人日均处理的信息量相当于174份报纸的完整内容，这一数据比1986年时高出5倍之多。

美国经济学家和认知心理学家赫伯特·西蒙（Herbert Simon）指出："不难发现，信息会消耗接收者的专注力。因此，信息越丰富，专注力就越匮乏……"

然而信息的泛滥，非但难以起到赋能作用，反而常常令人们陷入崩溃。从"信息过载"到"信息倦怠"的劣化过程，极大消耗着人们的精力资源，使得人们因害怕遗忘而陷入持续焦虑。通过互联网即时获取各类知识的做法本应对教育和认知产生助益，不想却由此引发了社会性的注意力匮乏问题。

微软公司开展的一项研究表明，美国员工平均每年花费在寻找无序信息（笔记、条目或文档）上的时间为76小时。另一份来自国际数据公司（International Data Corporation）的报告则指出，平均每位脑力劳动者日常需花费

26%的时间，从散落在形形色色的各种系统中搜寻和拼凑信息。而令人错愕的是，成功寻找到所需信息的概率只有56%。

换言之，人们在每周五个工作日中，光是耗费在搜索信息上的时间就长达一天多，而且成功率也只有五成而已。

所以，是时候对我们老掉牙的记忆方式进行升级改造了。是时候承认我们不应继续让“生物大脑”承担存储所有信息的重责大任，而应将大量的记忆工作托付给智能设备了。我们必须认识到，当今生活中的认知需求与日俱增，但我们的大脑却与20万年前东非平原上首次出现的现代人相差无几。

如果将精力耗费在回忆事物上，那么势必会挤占某些人类独特活动的资源：发明创造、编撰文字、归纳模式、遵循直觉、相互合作、研究课题、制定计划或是检验理论等。花费在统筹兼顾上的时间越多，可用于更有意义的活动——烹饪美食、自我保健、培养爱好、休养生息以及享受天伦——的时间就越少。

此外，还需注意一个比较隐晦的前提条件：科技的改变呼唤观念的改变。我们需要与信息、科技乃至我们自身构建起全新的关联，如此才是第二大脑的正确打开方式。

札记的概念可追溯至古希腊时期，参与庭审或政治会议的发言者通常会将自己的观点和论据放在某个常用位置以供参考。

札记本的传统

为了更好地研判当今时代，我们不妨以史为鉴，对以往时期的一些成功做法加以了解。为了更好地理解世界而将个人的思考和关注记录下来的做法有着悠久的传统。几个世纪以来，从列奥纳多·达·芬奇到弗吉尼亚·伍尔芙，从约翰·洛克到奥克塔维亚·巴特勒，艺术家和知识分子们都会将一些有趣的灵感记录在随身携带的所谓“札记本”里。

18世纪至19世纪初的工业革命时期，正值信息超载的早期阶段，札记本尤为盛行。它不仅仅是一本日记或反思录，更是当时的知识阶层用以追随瞬息万变的世界，并进一步厘清自身定位的一种学习工具。

历史学家、哈佛大学图书馆前馆长罗伯特·达恩顿在《阅读的未来》（*The Case for Books*）一书中阐释了札记本的作用：

> 札记的做法在其他国家同样广为流行。例如中国的“笔记”（与英文的“笔记本”意思相同），内容涵盖了逸事、引文、即兴思考、文学批评、短篇小说以及任何值得记录的内容。而在日本，人们则使用名为zuihitsu（枕边书）的笔记簿对个人生活加以记录。

与现代读者们按照叙事顺序从头到尾翻页的阅读方式不同，近代早期英国人的阅读行为呈现明显的碎片化和跳跃性。他们往往会将某篇文字分解成若干片段，摘录至笔记本的不同页面，并重组为新的篇章。然后他们会阅读这些重排过的文字，并通过不断新增摘录的方式进行再创作。于是“读”与“写”两种行为紧密交织在一起，成为构建理解能力的不竭源泉。知识的世界里充满了各种线索，我们需要以自己的方式阅读理解，并通过不断记录心得体会，最终形成一本带有鲜明个性烙印的札记。

札记本是知识分子与世界交流互动的门户。每一段笔记都是一份内心独白，助力人们在知识的海洋里左右逢源，并对智慧的启迪起到反哺作用。

身处现代社会的我们，同样可以受益于札记本的各种进化版本。“求新”和“窥私”是当今媒体的发展趋势——政治纠纷的即时动向、公众人物的新鲜“大瓜”以及病毒式传播的表情包等。我们不妨做一个现代潮流的“逆行者”，重拾起札记本的传统，将我们与信息之间的关系塑造得更加长久和私密。

对于阅读来说，相较于单一的数量堆砌，更加有益的方式其实是在阅读时更加耐心细致、更加深入思考，进而更好地重构知识，并实现与时俱进。如此一来，不但有利于对社会热点话题的理性探讨，亦可维护个人心理健康并有助于改善注意力分散。

重拾札记并非简单地复古，而是将原始的札记本改进得更加灵活与便利，让这一悠久的传统在现代社会焕发新生。

电子札记本

利用数字化的手段整理笔记和观点，可以让我们在所有电子设备上轻松检索、组织和同步文字，并将资料上传至云端妥善保管。相比之下，如果在纸质载体上随意涂鸦，便很难保证日后某个时刻仍能找到它们。因此我们应当试着构建一个属于自己的知识库，从而做到有的放矢。

注解是指在书籍或其他文件的页面空白处所做的标注，包括随想、评论、注释、批评、涂鸦或插图等。

作家兼摄影师克雷格·莫德曾写道："我们赶上了大好的机遇，可以将海量的观点和注解整合成为一本比以往任何时期都更加功能强大的札记本，实现信息的快速查询、简便获取、广泛分享和深度掌握。"

上述的电子札记本便是我所说的第二大脑。你可以将其理解为一枚集学习笔记、个人日记和创意杂记于一身，并可不断与时俱进的多功能神器，它将是你学习时的参考资料、工作上的行动指南以及生活中的得力助手。第二大脑并非用后即抛的一次性工具，而是旨在服务终身学习和成长的知识库，有待你尽情开发利用。它是一座思想实验室，你可在此钻研各种想法，而不必急于与他人分享。它是一个创意工作坊，你可在此尝试各种方案，待成熟之后再行推广。它更是一幅充满可能性的白画布，你可在此勾勒蓝图，并与小伙伴们共绘美好未来。

利用数字工具突破生物大脑局限并实现思维拓展，其实是一件稀松平常的事情。如果能够理解这一点，你便会发现，所谓的第二大脑其实无处不在。

你是否曾因丢失智能手机或无法上网而感到身体仿佛被掏空？这表明外部工具已经成为你的思维延伸。科学家安杰洛·马拉维塔和入来笃史在 2004 年开展的一项研究中发现，灵长类动物在不断使用工具扩大能力范围（例如使用耙子够取某物）的过程中，其大脑中的某些神经网络会将该工具也视为身体的一部分。这一绝妙的发现强化了这样一种观点，即外部工具可以成为且往往已经成为个人思维的自然延伸。

日程应用是记事能力的拓展，确保你不会错过重要约会；智能手机是沟通能力的拓展，让你的声音可以漂洋过海；云端存储是记忆能力的拓展，代替你的大脑存储高达数千GB的信息，并可随时随地进行调取。

所以，现在是时候将电子札记本添加到我们的技能清单中，让科技赋予我们超越自然之力了。

对笔记的再认识：知识模块

历史上，札记本的受众仅限于精英群体——作家、政治家、哲学家以及科学家等需要对文字或研究进行归纳的知识阶层。

而如今，一套有效的信息管理方法几乎成为每个人的刚需。

当今社会，超过一半的劳动力被认为是脑力工作者。对于这些专业人士来说，知识就是最宝贵的资本，而信息管理活动则占据了他们的绝大部分时间。此外，无论我们扮演怎样的角色，都需要不断提出新设想、解决新问题，并与他人开展有效沟通。这些活动并非临时性任务，而是需要常态化执行并保持高度的可靠性。

作为一名脑力工作者，你是如何存放知识的呢？你所创造和发掘出的知识又去向何处了呢？“知识”一词看似是学术领域专用的一个高大上的概念，但从最为实际的角度来说，知识实际上源自简单而历史悠久的笔记活动。

对于许多人来说，有关“记笔记”的概念都是在校期间形成的，很多情况下是为了应付考试而记下某些要点。这也暗示着一旦考试结束，这些笔记便完成了历史使命。这种做法本质上是将学习视为一次性的活动，而忽视了对于知识的长期利用。

随着我们进入专业领域，对于记笔记的要求也将颠覆。在校期间掌握的记录方法非但陈旧过时，而且与实际需要完全背道而驰。

在专业领域内：

没有人给我们敲黑板画重点；

没有人提示我们使用笔记的时机和方法；

没有人知道“考试”会在什么时间、以何种形式出现；

只要第一时间做好笔记，日后便可随时参阅；

我们应当对自己的笔记进行加工，而非仅仅生搬硬抄。

这与我们在学校里学习的记笔记的方法有着天壤之别。是时候将考试专用的简陋涂鸦升级为更加充满趣味和活力的札记了。现代化、专业化的笔记，即所谓的知识模块——带有鲜明的个人色彩而无须依赖大脑记忆的独立信息元素。

根据这一定义，笔记可以包括一段令你豁然开朗的文字、一张被你标注过的照片或网络图像，或是一份你针对某个话题的思考要点；笔记可以短到是一句深深打动你的电影台词，也可以长到是从一本本深度佳作中摘抄下来的千万组字句。笔记的长度和格式无关紧要——重要的是字里行间所折射出的你的独到观点、个人品位、话语体系以及生活经历，当然还要考虑信息存储的安全性——如此便是一份合格的笔记了。

这些知识模块独立存在并具有独特的内在价值，同时亦可通过整合以实现能级提升——形成相关报告、论文、策划、小说等。

知识模块正如我们儿时把玩的乐高积木，可以被快速搜寻、获取、移动、组装以及重组（无须从零开始）。同样的，知识模块一旦成型便可以不断地进行组合与混搭，直到擦出理想的火花。

科技不仅让记录变得更有效率，而且进一步改变了笔记的本质。从此我们无须再将自己的宝贵思想托付给易损易丢且难以检索的便笺或记事本。现在我们可以在云端记录，并在任何地方实现云同步。我们现在无须再花费大量时间将我们的所思所想小心翼翼地编排和誊写到一大沓白纸上，而只须留心收集林林总总的知识模块，并将精力用于构思多种多样的拼搭方式。

两个大脑两台戏

以下我将通过写实的方式对拥有和缺乏第二大脑的境况做一对比，希望能够引发你的共鸣。

周一清晨，雏莺的啼声唤醒了美梦中的尼娜。她的睡眼仍显惺忪，脑袋里面却已然翻江倒海——待完成的任务、待考虑的问题、待决定的事项……潜意识里酝酿了一整个周末的思潮，在这一刻喷薄而出。

在准备出门的过程中，尼娜的脑海中仍然纷扰不断，无处安放的思绪如同惊慌失措的鸟儿一般四处盘旋。她止不住地瞻前顾后，脑袋里面则一直嗡嗡作响。

一大早就这么匆匆忙忙地过去，尼娜终于坐到了办公桌前正式开始工作。刚一打开邮件箱，大量的未读消息便差点儿将她吞没，几乎每封邮件的标题栏都闪烁着刺眼的“紧急”字样以及“重要发件人”的名字，这让她的肾上腺素飙升到不行。尼娜知道，这一上午算是交待了，自己的事情先省省吧。于是她只能将本来想做的重要工作放在一边，老老实实地回复电子邮件。

中午时分，尼娜终于将手头最紧急的事务处理完毕。午餐过后，她总算可以启动自己的原定计划。然而实际情况却是：在经历了一个上午的兵荒马乱之后，尼娜身心俱疲，很难再让自己保持聚精会神的状态。这种情况日渐频繁，而为了应对不断膨胀的外界需求，尼娜每次都不得不对自己的计划安排做出一些割舍。

好不容易熬到了下班，尼娜即将迎来一天中最后一个提升自己的时间窗口。在此之前，她还去了趟健身房、用过了晚餐，并和孩子们度过了一段亲子时光。等到孩子们进入梦乡，尼娜也终于盼来了些许自由支配的时间。

而当她兴冲冲地坐到电脑跟前时，一大串的问题却接踵而至："上次的计划进展到哪一步了？相关的材料保存在哪里？我之前做的笔记怎么都不见啦？"

还没等把这些问题弄出些眉目来，尼娜便已经累得头晕脑涨，根本无力再继续推进了。这种生活状态日复一日，周而复始。在经历了无数次的虎头蛇尾之后，尼娜开始打起了退堂鼓。为什么要搞这种事情？为什么明知不可为而为之？有时间的话刷刷网剧或是朋友圈难道不香么？既然根本抽不出时间和精力取得实质性的突破，那么又何必开始呢？

事实上，尼娜是一位称职、负责而又勤勉的专业人士，许多人都会视她为楷模。无论是她的工作还是生活方式都令人不忍苛责。然而，令人称道的表象掩盖了内在的某些缺失。一言以蔽之就是，她有点儿眼高手低了。她总是在奢望着，"某一天"她可以拥有足够的时间和空间为自己和家庭创造价值，而在那之前，她所做的只是无限期地推延自己的计划。

尼娜的个人经历是否让你感到似曾相识呢？事实上，她的故事里的每一处细节都来源于真实的素材，也即多年以来我收到的各种咨询短信。每一位咨询者的心路历程都是一份充斥着怨念和不满的控诉——他们普遍面临着外界对于他们个人时间的无尽索取，他们与生俱来的好奇心和想象力在令人窒息的重压之下行将枯竭。

许多人可能都会有这样一种感觉，即我们一面浸淫在海量的知识之中，一面又无比渴望拥有智慧；我们一面开辟出各种脑力拓展途径，一面又让自己的专注力每况愈下；我们在肩负的责任与内心的热望之间进退失据，从而变得既无法专心致志，又难得片刻喘息。

让我们再来看另一个版本的故事——同样取材于真实的生活。而这次你会发现，在第二大脑的加持下，原本令人心力交瘁的“黑色星期一”竟然可以过成另外一幅光景。

你在周一的清晨醒来，期待着全新的一天和一周。当你从床上爬起，洗漱更衣时，各种思绪油然而生。你需要操心和负责的事情一点儿不比别人少，不过你也拥有一件专属的秘密武器。

洗漱时，你突然萌生出一个能够更好推进手头项目的想法。一走出浴室，你便立刻拿起智能手机，将这一灵感记录为数字笔记。当你与家人共进早餐时，头脑里仍在推演着新的策略，并思忖其内涵。你在早餐间隙和送孩子上学的路上将这些思考也记在了手机里。驾车上班途中，你又意识到若干易被忽视的问题，于是一份语音备忘录在你的口述之下诞生，并被自动转换成文字版本。

周一上午的工作节奏如同疾风骤雨。未读邮件、短信提示以及电话铃声像开了快进一般此起彼伏。当你与同事们分享新点子时，他们开始提出疑问、提示风险以及提供建议。你将上述内容悉数记录在你的第二大脑中。你先不动声色，打算在确定最终方案之前尽可能广泛地听取各方反馈。

不知不觉到了午餐时间。你暂时放下手上的工作，为自己找了些吃的。此时脑海中涌现的是一大串哲学命题：“该项目的终极目标是什么？我们有没有跑偏方向？它是否契合我们对于产品的远景规划？新的策略又会对股东、消费者、供应商和整体生态带来怎样的影响？”鉴于午餐时间只有半个小时左右，你来不及对这些问题进行深度思考，不过电子备忘录已经制作完毕以备日后参考。

乍看之下，你和其他人一样都在摆弄手机，不过区别在于，别人使用手机打发时间，而你则是在创造价值。

下午的会议上将讨论你的新提案。在此之前，你已经准备好了一整套必胜攻略：你在周一上午的短短几小时内收集到的所有设想、策略、目标、挑战、问题、顾虑、贡献以及备忘。

会议开始前十分钟，你简单梳理了一下自己的笔记。其中约有三分之一并非优先事项，可以暂时搁置；还有三分之一是关键事项，需要纳入议程；剩下的三分之一介于二者之间，建议单列备查。

会议开始了，你的团队开始对该项目进行讨论。你是如此胸有成竹，因为对于这一重大问题，你早已展开过多维度的深度剖析，推演过多种可能的解决方案，并进一步考虑到了大局影响，甚至还吸纳了来自同事们的诸多反馈和建议。你在会议中慷慨陈词，既坚定自身立场，又对团队成员们的观点持开放态度。你希望在保持自身良好状态的同时，通过集思广益，将整个讨论引向最佳的结果。同事们提出的所有重要见解、创新思路以及未知变数都被如数记录在你的第二大脑中。

只要坚持运用这种信息处理方式，日积月累之下，你的思维方式将会获得明显转变。你渐渐学习并掌握了一套可复制的思考模式：你的行事动机何在、真实需求为何，以及最为看重的是什么。你的第二大脑如同一面镜子，能帮助你更加深刻地认识自我，并筛选出那些真正值得保留和跟进的想法。你的大脑将与这一系统有机融合在一起，实现脑力倍增。

思维方式的革新是内化于心、外化于行的。因此他人很快也会觉察出你的变化。他们开始发现你可以在短时间内对大规模的知识体系了然于胸；他们对你的惊人记忆力津津乐道，但却不知道其实你并没有刻意去记忆任何事情；他们对你长期以来在开发脑力上付出的卓越努力啧啧称羡，而事实上你只是种下了灵感的种子并静待花开而已。

一旦学会了如何将抽象的知识变得有血有肉，那么你的逐梦未来之旅便已万事俱备。无须额外摄取更多的信息或开展更多的研究，你的信息管理能力已经足以让你从已知信息的丰富细节中挖掘出无穷的新意。

从此以后，你的大脑不会再成为你的潜力瓶颈，也即你已经具备了从事任何追求所需要的足够脑力。在思维能力方面的自信可以让你在深度探究问题和追求更大挑战时显得游刃有余而又胆识过人。你的字典里没有失败二字，因为失败无非是另一种形式的提示信息，可以将其吸纳并转化为继续进取的动力。

以上就是关于构建和运用第二大脑的一幅白描。

让科技助力思维

“延展认知”领域的最新进展和发现为所谓外脑思考的实践研究和效能提升带来新曙光。本书对这一概念不做展开，详情可参阅安妮·墨菲·保罗所著的《延伸的心灵》一书。　美国科学家万尼瓦尔·布什曾描述过一种名为“记忆扩展器”（Memex）的科研设备，它可以存储所有书籍、记录、通信等，且可通过机械化手段实现高速灵活的查询，从而实现研究人员大脑记忆的无缝扩展。

遍历整个20世纪，一代又一代的学者和变革家都就“科技如何造福人类”提出了一系列愿景。他们展望着有朝一日，可以借由某种形式的“扩展思维”将人类的智慧强化到无所不能的境界。这种奇迹般的科技如同指引未来的明亮灯塔，其所蕴含的巨大潜能足以给行将就木的纸质书籍以致命一击，令所有知识变得更易获取且更具能量。

前人的努力绝没有付诸东流，他们的天马行空为当下许多我们习以为常的日用科技提供了重要启发。然而有些难以自洽的是，尽管在当今的信息时代里，各种科技发明层出不穷，但是我们似乎已经走得太远而忘记了为何出发。我们每天花费数小时的时间沉迷于社交媒体，但在短短几分钟后便会彻底忘了自己刷过些什么；我们将各种深度好文加入收藏以便日后阅览，但却很难腾出时间细细品味；我们不辞辛劳创建了无数文档，却在短暂使用后便抛诸邮箱或文档系统的故纸堆中；我们的大量智力成果——头脑风暴、照片、规划、研究等——往往都被尘封在电脑硬盘中，或是遗失在云端的某个角落。

我相信，科技的发展已经迎来了一个新的拐点——更加先进、更加亲和用户，也更加易于与人类的生物性大脑进行整合。随着电子计算机变得体积愈发小巧、性能愈发强大、功能愈发直观，它们无疑已经成为人类思维活动的一个重要组成部分。

现在是时候将先辈们的技术愿景化为现实了——每个人都应当拥有属于自己的扩展思维，让更加强大的记忆力成就你的一番优质生活。

第三章

第二大脑的运作机理

记忆是迈向终极自由的天梯。我自由，因为我记得。

——阿毗那婆笈多，公元10世纪克什米尔哲学家和神秘主义者

让我们将第二大脑想象成世界上最好的私人助理。她稳定可靠而又从一而终，目光如炬而又一丝不苟。她完全遵循你的指示，为你提供有益的信息、提出中肯的建议，并提示关键的要点。如果有这样一位杰出的私人助理，你会委任她从事哪些工作呢？事实上，为了确保你的助理能够按照一定的标准开展工作，你首先需要明确她应当为你提供怎样的服务，然后才能根据相应的表现决定是否留用。这一道理对于第二大脑来说同样适用。

在本章中，我们将会了解到以下内容：第二大脑的四大功能将会产生怎样的积极影响——无论短期还是长期；入门阶段所必备的基础工具是什么；第二大脑将如何自我进化以适应不同的服务需求；对所谓“信管法则（CODE）”及其四大要点的详细介绍，这也是本章中最为核心的部分。

第二大脑的超能力

第二大脑可以承担以下四大超能力：

1. 推动抽象思维的具象化；

2. 促进不同思想间的融会贯通；

3. 辅助长期决策规划；

4. 形成鲜明而独到的观点。

以下逐一细说。

 # 第二大脑超能力之一：推动抽象思维的具象化

理论指导实践的前提是将抽象的思维从大脑中剥离出来并转化为具体的形式。只有将大脑中纷繁芜杂的想法梳理清晰，我们才能进一步明确思路并提升执行效率。1953年，美国生物学家詹姆斯·沃森和英国物理学家弗朗西斯·克里克在一系列先行研究（包括英国物理化学家罗莎琳德·富兰克林和英国分子生物学家莫里斯·威尔金斯等人在X射线晶体学方面取得的突破）的基础上发现了DNA的双螺旋结构。这一发现开创了分子生物学和遗传学的黄金时代。

沃森和克里克的成就家喻户晓，不过其中有一个鲜为人知的细节，那就是两位研究者借鉴了美国生物化学家莱纳斯·鲍林的有益经验，将构建物理模型作为助力科研的一大利器。为了设法弄清DNA的具体形状，沃森和克里克利用折纸模拟DNA的组成分子。他们在实验桌上反复摆弄这些折纸模型，像拼图一般不断尝试能够契合已知分子排列方式的可能形状。后来他们发现，双螺旋结构似乎符合一切约束条件，既可保证碱基互补配对的完美结合，又遵从实测得出的各元素之间的配比关系。

作为20世纪最著名的科学发现之一，DNA双螺旋结构的探索过程带给我们一个尤为重要的启示：即使是经验老到的、对数学和抽象思维熟稔于心的科学研究者，在某些至关重要的场合下，还是会求助于最基本、最古老的媒介工具——物理材料。

数字笔记也许并不具备物理形态，但它们具备可视化的特点，可以将模糊的概念转化为可供观察、重组、编辑以及整合的有形实体。这些笔记也许是以虚拟的形式存在的，但它们同样也是通过图文的展示和触屏的反馈被我们感知的。正如从事思维可视化极限研究的学者黛博拉·钱伯斯和丹妮拉·温伯格所指出的：“人们应对外部世界的技能，远比与内心世界相处的手段要高明得多。”

第二大脑超能力之二：促进不同思想间的融会贯通

创造力最实用的表现形式之一，是在不同的想法（尤其是看似毫不搭界的想法）之间建立起联结。

神经学家南希·C.安德瑞森在对大量高创造力人士（包括成就卓著的科学家、数学家、艺术家、作家等）进行广泛研究的基础上得出结论："创新型人才更加善于识别、笼络和联结各种关系。"

我们可以通过将不同种类的素材进行集中存放的方式来强化彼此之间的关联性，并有效提升非常规联系的发现概率。

比如说，古代哲学书籍中的文字可以与最新的网络金句收录于同一文档；搞笑的在线视频截图可以与某部电影的经典场景存放在相邻的文件夹；语音备忘录可以与项目计划、实用网址以及记载着最新研究成果的PDF文件一同打包。总之，数字笔记可以将各式各样的素材融会贯通起来，这是传统的物理手段所难以企及的。

如果你曾玩过拼字游戏，那么你一定知道发现新单词的最佳策略是将不同的字母进行各种混搭，直到某个单词跃然而出。我们可以利用第二大脑进行类似操作：尝试各种不同想法的随机排布，直到机缘巧合浮出水面。初始素材的多样性越强、个性化越突出，可能催化出的新关联就会越具开创性。

第二大脑超能力之三：辅助长期决策规划

当我们从事某项任务——筹划某场事件、设计某种产品，或是牵头某个项目时——我们往往只能根据手头现成的信息评估问题。这就要求大脑在缺乏系统性支持的条件下做出即时反应——我愿称之为"千钧压顶"。

即使在参与头脑风暴时，我们还是得在极大程度上依赖既有的思考和设想。毕竟，有多少创新的想法是说上头就能上头的？又有多少拍脑袋拍出来的主意是说好使就能好使的呢？

上述倾向被称为“近期偏差”，也即人们对于某种设想、方案或影响表现出的偏好大小往往取决于时间维度上的邻近程度，而非对象本身的优劣。想象一下，如果我们能够摆脱时效的束缚，在数周、数月乃至数年的时间跨度上充分培育想象力，那该有多好呢？

我愿将上述方式称为“文火慢焙”——让创意的元素像细焰之上的新鲜食材一样缓缓释放出各种美味。这是一种更加温和而又更可持续的创造力培养方式，强调的是循序渐进地创意积累，而非在一片兵荒马乱中仓促点燃自己。第二大脑可以将日常生活中的点滴灵感统统登记在案，让川流不息的时光成为你的创意源泉而非阻碍。

第二大脑超能力之四：形成鲜明而独到的观点

到目前为止，我们都在讨论如何收集来自外界的信息，但第二大脑的最终目的其实是让你自己的思想绽放光芒。

普林斯顿大学于近期开展了一项关于“哪些工种可能在可见的未来被自动化机器所取代”的科学研究。然而令人惊讶的是，该研究认为，能够在自动化的浪潮中独善其身的，并非大多数人所预测的高精尖的技术岗位或是需要长期培训的熟练工种，而是与传播信息和解读信息相关的工作。

换句话说，未来最为硬核的工作其实是思想领域的弄潮儿和捍卫者。例如某个善款募集者大力宣扬他所在的非营利组织所做出的巨大贡献；某个科研人员利用翔实的数据支撑某项实验的结论；某个项目负责人援引若干成功先例支持某项决策。当今社会，各行各业都比以往任何时期更加依赖提出观点和营销思想观点的能力。

观点的营销不仅仅需要天雷地火的煽动性和难以抗拒的个人魅力，它更需要足够的“干货”支撑。

美国记者、作家和电影制片人塞巴斯蒂安·荣格尔曾就“文思易断”这一话题表示：“其实并不是我的头脑短路了，而是之前没有做足功课，导致写作的动力和知识储备一时告急。一言以蔽之，不是我找不到合适的词汇，而是我的知识库根本就空空如也。”

当你在创作之路上遭遇瓶颈时，并不意味着你有哪里不对。并不是你的能力欠缺，也不是你的创意枯竭，仅仅是因为你的可用素材比较匮乏。如果你觉得自己的灵感之泉几近干涸，那就意味着你需要发掘更加深厚的源头活水——充满各种案例、图示、故事、数据、图表、类比、隐喻、相片、思维导图、谈话记录、文摘等——帮助你宣扬和捍卫某种观点或理念。

如何选择笔记应用：第二大脑的神经中枢

正所谓“原汤化原食”，引发当今社会信息爆炸的高新科技，同样能够有助于进一步提升信息管理效率。

诸多“信管法则”的奉行者并未放弃纸质笔记。相当一部分人甚至在掌握了数字笔记的记录和保管方法后，对于纸质笔记的使用频率不降反升。由此可见，电子笔记和纸质笔记之间并非互斥关系，二者同为提升生产力的利器。

所谓的第二大脑是所有信息交互工具的集合——待办事项清单、日程表、电子邮件、阅读器等。其中我个人比较推崇的一类核心软件是数字笔记应用。此类应用五花八门，从智能手机预置的免费记事本到各种第三方的个性化应用，总有一款适合你。

无论是出身名门的“微软笔记”（Microsoft OneNote）、“谷歌云笔记”（Google Keep）和“苹果笔记”（Apple Notes），还是享誉多年的“概念笔记”（Notion）和“印象笔记”（Evernote）等，这些著名的数字笔记应用程序均具备以下四大特质，使其成为构建第二大脑的理想选择。

 # 多媒体

纸质笔记的形式可以包括绘画、涂鸦、摘录、随想、照片或便笺等。数字笔记应用则在此基础上大大扩展了信息的存储形式和空间，你完全无须担心自己的心路历程和奇思妙想无处安放。

非正式

笔记从骨子里就透着一股杂乱劲儿。对于文法或表达方式的包容理念有利于提升记录行为的便捷性和流畅性，这对于培育创新思想尤为重要。

开放性

鉴于笔记行为的长期性、持续性和不确定性，相比那些专业输出特定内容（如演示文稿、电子表格、图像或视频）的软件来说，数字笔记应用淡化了目的性，更加鼓励自由探索。

行为导向

与图书馆或学术数据库不同的是，个人笔记并不强调全面性和精确性。它的作用在于帮助你将脑海中稍纵即逝的各种闪念加以捕获，以便你能安心专注于手头的工作。

诚然，上述四大特质亦为纸质笔记所共有。不过笔记的电子化意味着我们可以借助各种神奇的科技手段——搜索、共享、备份、编辑、链接、同步等功能——提升这些特质的长期收益。数字笔记可谓日常速写本的闲适性与现代软件的科技感的有机结合。

你可以通过https://www.Buildingasecondbrain.com/resources获取免费且持续更新的关于数字笔记应用的选用指南。

对于笔记应用和工具的选择是因人而异的，取决于移动设备的类型、工作或业务的需求以及使用者本人的格调品位等。在常变常新的软件业态下，各种新兴应用层出不穷，既有的产品也在不断追求功能革新。

虽然你在日常工作中可能一直在和某些信息管理软件打交道——从文字处理软件、通讯工具到公司内部的项目管理工具等——但这并不妨碍笔记应用成为一位为你量身定制的个人知识管理助理。

大多数笔记应用都提供了以标准格式导出和导入笔记的功能。我曾切换过数个平台（从微软Word到谷歌Docs，再到印象笔记）。随着科技的进步，用户在不同平台之间的跳转将会是日后的常态。

我们不妨首先检视一下业已获取或正在使用的相关应用。我们可以从这些应用的基本功能入手，随后再根据实际需求升级一些更加复杂的模块。

需要强调的是，请不要让自己陷入完美主义的泥沼：坚持认为自己配得上一个功能齐全而又恰到好处的完美应用，否则绝不屈就。事实上，我们并不是在寻找一件完美的器具，而是一位可靠的助手——如果实在不来电的话，随时更换便是了。

个人知识管理的三个阶段：识记、联结、创新

根据我的观察乃至倡议，第二大脑的构建通常包含三个阶段，也即识记、联结和创新。虽然数字化工具使用价值的完全释放，及其引发的脑力强化与扩展的充分实现，需要足够的时间沉淀，但我们仍可以通过日拱一卒、循序渐进的方式获取明显的收益。

第二大脑对于许多人来说，首先是一种记忆辅助工具，也即利用数字笔记保存某些容易淡忘的事件和想法。例如会议要点、采访内容或是项目细节等。

卡米尔是加拿大魁北克一家初创公司的联合创始人和首席设计师。她在从事大型住宅电动汽车充电站的设计工作时，会利用第二大脑记录下一众研究报告中的节选内容。大多数的研究报告都会以PDF的格式发布，这种格式因灵

活性和易用性差而饱受诟病，而卡米尔则通过导入笔记应用的方式对相关内容展开自由的注释与评论。

第二大脑的第二层次用途则是将不同的想法予以串联。此时第二大脑便由基础的识记工具进化成为思维工具。例如在遭遇某种状况时联想到某位导师在另一场合下给出的某条建议；在准备某篇演示文稿时援引了某本书中的某句金玉良言等。通过第二大脑，可以让捕捉到的各种想法彼此碰撞，摩擦出智慧的火花。

费尔南多是来自一家全球知名医院的肿瘤学家，他使用第二大脑管理病患的诊疗记录，并对每位患者的健康史加以重点概括，其主要关注点包括：病史、治疗史，以及肿瘤的主要特征等。费尔南多通过第二大脑将自己从培训和研究活动中获取的知识与患者的实际需求充分对接，以便制定更加高效的诊疗方案。

第二大脑的第三层次及其终极用途便是创新。深耕专业领域的学者们总是憧憬着使自己的毕生所学落地生根并发扬光大。而第二大脑中积聚的海量资料则为他们开拓创新、造福他人的壮举提供了源源不断的勇气与动力。

特雷尔是一位年轻的三孩奶爸，就职于得克萨斯州的一家大型科技公司。在参加了我的培训课程后，他开始在第二大脑的辅助下开辟了一个优兔（YouTube）频道，与广大网友分享自己的育儿经，例如如何陪伴孩子出国旅行、如何申请陪产假以及一些周末亲子游的视频剪辑等。

对于特雷尔来说，不但要在主业和兼职爱好之间求得平衡，还要保证足够的亲子时间，因此如何能够及时记录下脑海中不时迸发出的视频创意和制作细节便显得至关重要。第二大脑恰恰可以帮助他更好地表达自我，并就感兴趣的内容展开自由创作。

上述几位小伙伴都在科技力量的帮助下实现了识记、联结和创新能力的突飞猛进。第二大脑不但让他们的生活变得更加充实而完整，还会随着生活列车的不断前行而不断演进，以更加多样的方式带来助益。

“信管法则（CODE）”闪亮登场：重点记忆的四大要点

为了帮助大家构建起属于自己的第二大脑，我发明了一个简单而直观的四步法，也即所谓的“信管法则（CODE）”——抓取（Capture）、组织（Organize）、提炼（Distill）、表达（Express）。

对于构建第二大脑来说，上述步骤既是入门方法，又是长期策略，每一个步骤都凝聚着贯穿人类历史的亘古不变的原则，从最古老的洞穴壁画到文艺复兴时期的工匠作坊，再到当代各种前沿领域，概莫能外。这些步骤兼具灵活性和普适性，不受专业、角色和职业的影响，也不因笔记应用种类和记录方式的不同而产生局限。我甚至可以断言，我们每个人其实都正自觉或不自觉地以某种形式践行这些原则。

“信管法则”是你在浩瀚信息海洋中尽情遨游的导航图，是与信息时代需求相适应的、现代化的札记本。

正所谓无巧不成书。挪威科技大学（Norwegian University of Science and Technology）神经生理学家迈—布里特·莫泽和爱德华·莫泽的一项最新研究指出，人类大脑运用某种“网格法则”（即参与空间推理的脑区）记忆信息。两位学者据此推测道，“‘网格法则’可能是某种度量衡或坐标系统”，这一独特体系可实现“海量信息的高效表达”。

说起来，“法则”可真是一个神奇的词汇——遗传法则决定了我们的身高和瞳色，创作法则支配了我们的想象力，人文法则塑造着我们的思维与处世方式，应用法则控制着各种信息处理进程，而某些玄妙的法则甚至能影响到许多历史进程。言归正传，现在是时候将“信管法则”的运作机制公之于众了。

本章我们暂且对“信管法则”的四大要点先睹为快，后续章节中则会对个中细节展开深入探究。

抓取：让笔记更“走心”

每当打开手机或电脑，我们都会接收到五花八门的消息推送。其中多数内容都是有益有趣的——有助于提升生产力的各种教程、专业播客分享的精品课程以及关于令人向往的旅游胜地的创意摄影等。

不过问题也随之而来了：没有人能够将所有的信息流完全吃尽，无论怎样充沛的精力都会很快消耗殆尽。因此，我们需要站在一位管理者的角度，从源头出发，对信息进行有意识的筛选。

正如生物学家只会将最为稀有的蝴蝶带回实验室一样，我们作为信息管理者的目标应当是只抓取那些最有价值的想法和见解。无论是否存在人为干预，信息就在那里，不断堆积。例如你快要撑爆的电子邮箱中的未读邮件、你的社交媒体中不停弹出的更新提示，以及你的智能手机在你阅读本书期间接收到的待处理信息等。

一方面，信息的泛滥势不可挡；而另一方面，人们捕捉信息的方式充其量只能用“随意”来形容。比如我们可能会将某段速记通过电子邮件发送给自己、在某份文档中记录下头脑风暴的畅想，或者将某本书中的金句用荧光笔加以标记。然而这些做法都难以解决信息的孤立化和碎片化问题。你在经历了几许不眠之夜、几多辗转反侧后所得出的思想成果，也许有朝一日便会被尘封在不知所终的文件夹里，或是更加缥缈的云端。

对此，一个有效的对策则是，仅记录下震撼人心的重磅信息并保存在可靠的位置，对于其他内容能省则省即可。

所谓的重磅信息，能够直击你的内心深处。它们往往是最与众不同的构思、最颠覆常规的异想、最妙趣横生的设计，抑或最富于潜力的创意。当你遇到它们——无论是一段文字、一幅图案、一句引言还是一桩事件时，不要刻意让自己保持理性，也不必过于刨根问底，只须遵从自己内心的快感、好奇、困惑以及激情，你便能清晰地意识到，是时候记录下这一切了。

在锻炼自己寻找重磅信息的过程中，我们不但可以优化笔记记录能力，还能够更加深入地了解自己的痛点。这种做法可以大幅激发我们的直觉，从而带给我们更多的智慧启迪。

养成获取知识的良好习惯，将会为我们的心理健康和内心平和带来立竿见影的增益。因为我们再也不必担心自己的烂记性会在某个关键时刻掉链子。相比面面俱到地关注所有新闻和消息，倒不如聚焦那些可以为我们的生活带来增益的信息，并有意识地忽略其他的冗余内容。

组织：以行动为导向

一旦我们开始留意并记录各种重磅信息，那么便一定会觉得有必要将其加以组织和整理。

那么可不可以预先设计一套逻辑缜密、层次分明的文件夹体系，用以安置所有你可能想要抓取的记录呢？这一想法听上去非常诱人，但抛开可行性不谈，可以想见这将会是一个极为费时费力的巨大工程，大到让你望而却步，乃至对感兴趣的信息也失去兴趣。

大多数人习惯于按照主题来组织信息。事实上，许多图书馆都会采用“杜威十进分类法”（Dewey Decimal Classification）整理图书，例如根据“建筑”“商业”“历史”“地质”等广义类别对图书进行分类。

数字笔记的出现，使得我们拥有了更加简便易行的信息组织手段。鉴于工作目标和事务的轻重缓急往往瞬息万变，因此我们需要让信息组织方式具备一定的灵活性和变通性，最佳策略便是以行动为导向，聚焦眼下正在进行的各种项目。在处理新信息的时候要充分考虑实用性，试着思忖一下，“这一信息对于推进手头的项目将会有何助益”？

令人惊讶的是，一旦我们以行动为导向，那么看似纷繁芜杂的信息流便会从根本上得以精简。兼具可行性和相关性的信息毕竟少之又少，这实际上为你提供了一个有效过滤冗余信息的筛选标准。

以行动为导向将会让你的思路变得无比清晰，因为你十分清楚自己保存的所有内容都带有明确目的性，并与你的目标和优先级相互契合。这就是所谓的“磨刀不误砍柴工”了。

提炼：萃取本质

一旦我们开始抓取核心信息并以行动为导向加以组织，那么便很容易发现信息背后隐含的规律以及信息之间千丝万缕的联系。

也许一篇有关园艺的文章会让你联想到如何扩展你的客户群体；也许一段随手落笔的客户感言会让你筹划建立一个包罗所有客户感言的网页专栏；也许一张小小的名片会让你回忆起曾经与某位友人的某次把酒言欢——要不要找他出来喝杯咖啡呢？

人的大脑是孕育联想的温床——只消一把思想的种子，便能够结出创新的硕果。每一份笔记都是一簇智慧的火苗，闪烁着你对于某一主题的所学与所想。

在此要特别推荐一种促进上述“快速联想”活动的有力手段：去粗取精。

每一个想法都有其精髓所在：它所承载的核心思想。有时候，对于某些深邃莫测的洞见来说，一两句鞭辟入里的凝练之语往往远胜于千言万语的赘述。

爱因斯坦为物理学界带来了颠覆性的创新理论，而$E=mc^2$这一简明的公式则让它变得家喻户晓。如果连如此深奥的理论都能够被提炼得如此精妙，那么作为我们来说，将某篇文章、某本书籍、某段视频或者某场演示的主题思想加以萃取和彰显，岂不更是不在话下嘛。

为什么说对于笔记要点的提取至关重要呢？因为在繁忙的工作时间里，我们不可能有大把的时间逐页检视厚厚的读书笔记，而是必须快速掌握重点内容。

如果你在平时的阅读中已经养成将重点内容加以标记的习惯，那么这对于今后的你来说将会是一个莫大的帮助，因为有了这些给力的备注，你无须再花费数小时的时间重复阅读。

每当你在记录笔记时，不妨带着这样一个问题：“如何记录才能够更好地帮到今后的自己？”这一问题将会引导你为自己制作的每一份笔记做好额外的注解——我为什么要记录下这些？我此刻的想法是什么？我的关注点在哪里？

如果将笔记做得晦涩难懂或是冗长到不忍卒读，那就非常失败了。请注意，你在记录笔记的同时，也是在为未来的自己准备一份知识的馈赠，因此它应当既易查找又易理解。

 # 表达：成果展示

无论抓取、组织还是提炼，前述的所有步骤都指向一个终极目标，也即将你的思想、经历和知识与他人分享。

“生产力”（productivity）一词与拉丁语中表示“生产”的动词“produce”一脉相承。后者意为劳动成果是判断个体生产力的直观标准。

既不具备价值，也不生产价值的知识是没有灵魂的。无论你的目标是快速瘦身、获得晋升、开展兼职还是改善社区，个人知识管理系统都有助于你付诸行动——所有的光说不练都是假把式。

对于充满好奇心和求知欲的人们来说，一个较为普遍的问题是，我们往往将精力局限在信息的被动积累而非主动运用上。我们汇编的研究报告几可等身，但却仍然提不出一项独立见解；我们搜集的商业案例包罗万象，但却仍然拉不来一位潜在客户；我们收藏的恋爱宝典五花八门，但却仍然寻不着一位约会对象。

正所谓“明日复明日，明日何其多”，“还没做好准备”的迷思，是导致我们踟蹰不前的心魔。我们有时甚至无法接受一丝丝的信息不完整，并偏执地认为只有那一块失落的信息碎片才是扭转乾坤的关键所在。

我在此想说的是，那样的做法绝非生活之道。只有学以致用，你才能够将原生态的信息转化成为个性化、具象化、经实践验证的知识。也只有学以致用，你才能够对自己的满腹经纶充满信心，否则哪怕学富五车，也不过是纸上谈兵而已。

“多多益善”“永不知足”“喜新厌旧”等消费主义观念对许多人的信息观产生了严重侵蚀，进而影响到人们对在线生活方式的满意度。在此我建议，试着让自己的关注重点由“寻找优质内容”转向“生产优质内容”，后者将会带给你远超前者的满足感。

有鉴于此，我建议你尽可能地将自己的时间和精力从信息摄取转向信息创造。每个人都是天生的创造家——将更多的真、善、美洒满人间。这是流淌在每个人血液中的一种本能。创新活动不仅能够充实自我，而且能够通过激励、取悦或者教育等方式惠及他人。

那么我们应当创造些什么呢？

这取决于我们每个人的技能、兴趣和个性。如果你擅长分析思考，那么可以制作一期露营装备的横向评测，并将产品推荐清单与朋友们分享；如果你喜欢教学，那么可以记录下一个你最爱的甜点配方并将其发布在社交媒体或博客上；如果你关心社区事业，例如城市公园建设，那么你可以制定一套游说计划以便向市议会申请更多的预算。

其他一些具有“表达”含义的词汇包括出版、讲述、演示、表演、生产、撰写、绘制、诠释、评论及翻译等。

上述所有活动——评测、分享、教学、记录、发帖以及游说——都具有“表达”之意。这些活动都离不开来自外界的原始素材，都需要花费时间和精力进行细致雕琢，也都会对你所在意的某人或某事产生一定影响。

信息总在不断变化，永远处于进行时态。既然无所谓尘埃落定，何不趁现在就动身起航？比如你可以先搭建一个简单的网站，然后再不断地升级新的模块；你可以先发布一篇短小的帖子，待时间充裕了再行修改完善。越早起步，越早改善。

我以上介绍的大量新概念和术语，可能一时之间会令读者们头昏脑涨。你可能会认为第二大脑的构建是一项极为耗费学习和行动资源的事情。

这里需要指出的一个惊人事实是：构建第二大脑的大部分工作都是我们正在从事的一些日常活动。

我们本来就在不断学习新知识——这不以个人的意志为转移；我们本来就在不断吸收新观点——每一个新网页都为我们打开新的眼界；我们本来就在不断积累新信息——无论是为了学习、工作还是生意。我们现在只须稍花些功夫，更加积极主动地进行信息管理，同时借助一些实用的技巧让计划落到实处。

在本书的第二部分，我将向你介绍如何通过“信管法则”的四大步骤让你的记忆力、智力以及创造力获得质的提升。而对于每个具体的步骤，我都会提供一整套立竿见影的实用技巧。这些技巧无须依赖任何高端科技，只需你日常使用的电子设备以及应用程序即可。

第二部分

方法，还是方法

——“信管法则”的四大要点

第四章

抓取：让笔记更“走心”

所有未保存的进度将会丢失。

——任天堂电子游戏“退出界面”提示

信息是一种精神食粮，而创意则被视为“思想的给养”。

所有人都知道，生命离不开食物和水。但很多人都未意识到，生命同样离不开信息：如何解读并适应自己所处的环境；如何维护人际关系并与他人携手合作；如何做出明智的决策以增进自身利益等，全都有赖于信息。

信息并非高贵冷艳的奢侈品——它是每个人日常生活的必需品。

和摄取食物一样，享用信息大餐同样是我们的义务和权利。至于信息的种类、数量以及摄入方式，则完全取决于我们的各自偏好。俗话说，“吃啥补啥”。这句话适用于饮食营养，同样适用于信息获取。

而第二大脑则提供了一套去粗取精的信息筛选手段，以及一个私密可靠的信息管理环境。我们可以将第二大脑想象成一座私人专属的“知识花园”，你可在此随心所欲地栽培各种创意或提升独立思考能力，而不会受到来自外界的观点侵蚀和噪音干扰。

花园美不美，还得看花蕾。因此，我们需要为自己的知识花园引进最有趣、最深刻以及最实用的想法。

也许你已经通过多种不同的渠道积累了大量知识，然而却从未深入考虑过这些知识今后能够派上什么用场；也许你一直都在勤勤恳恳地管理着各种信息，然而却让自己陷入“数字囤积”的泥沼中难以自拔；又或者，“知识管理”对于你来说是一个全新的课题，你可能需要一笔一画开始学起。

无论你处于上述哪种情形，没关系，跟着我的节奏从零开始——运用“信管法则”的第一个步骤构建专属于你的私人知识库。

创建私人知识库

泰勒·斯威夫特是一名擅长现代流行音乐和乡村音乐的偶像歌手，同时也是有史以来作品最畅销的音乐人。她每一次发片都会霸占排行榜的榜首，9张专辑全球销量累计超过两亿张，赢得过一长串的奖项，其中包括11项格莱美奖。

她不仅稳居全球顶尖创作型歌手之列，而且其影响力已经超越了音乐领域，连《时代周刊》全球百位最具影响力人物、福布斯名人榜百强中都可觅得她的芳名。

在斯威夫特的职业生涯中，一共发布过5部反映歌曲创作过程的纪录片。而在每部纪录片中，都出现了她把脸埋在手机屏幕里的镜头。对此她表示：“我是一个‘低头族’，因为我需要使用手机记录和编辑信息。”她利用数字笔记记录（重温、编辑以及即兴创作）脑海中一闪而过的一句歌词或是一段旋律。她可以随时随地地记录和调取笔记，还可以与同一用户群组内的大量制作人和合作方实现即时同步，而来自后两者的反馈也能直接体现在她的数字笔记中。

在一次关于热门金曲《空位》（*Black Space*）创作过程的采访中，斯威夫特表示：“就在某个稀松平常的日子里，我突然脑洞大开，‘哇哦，原来所有的爱情都只有两个归宿——要么天长地久，要么化为乌有。’于是我便将这一感触记了下来……后来，我脑子里又冒出一句绝妙的对白，大意是‘亲爱的，我就是一出装扮成美梦的噩梦’。我又赶紧记了下来，并把它和我前些年积累的一些其他的‘金句’糅合在一起。所以《空位》这首歌可以说是我所有灵感巧思的集大成者。”

对于斯威夫特来说，创作歌曲并不是一项孤立的、只能在特定的时间和地点从事的活动，创作出的歌曲是她整个思维活动的衍生品。她总会在不经意间迸发出新的辞藻和旋律：“我的创作灵感随时都会被激发，无论是体验某种过程，还是回首某段经历，灵感都无处不在。可能在我洗碗的时候，也可能在我接受采访的时候，一个个念头会突然划过——‘这句可以当副歌，那句用来做过渡，还有一句就放在最开头。’”她接着解释了为什么将那些稍纵即逝的想法记录下来十分重要：“我必须得趁热打铁、一气呵成。否则它们就会被我抛到九霄云外去了。”

即便是泰勒·斯威夫特这样的成功人士，也需要一个系统性方法将原始灵感转化成为最终作品。她将生活中的点滴感悟糅入笔记，通过歌曲吟唱生活和分享经历，从而与众多“霉粉”（Swiftie，斯威夫特歌迷的自称）形成了强烈的羁绊。聆听斯威夫特的专辑，就仿佛与她一道踏上一场自我探索之旅。每一张专辑都讲述着她的心路历程，以及她在人生的不同阶段所扮演的不同角色。

上述案例表明，即使是世界上最成功、最高产的创作者，都需要在某些系统的帮助下才能充分施展才华。再多的天赋，如果不加以引导和培育，那也只能是昙花一现。

一代喜剧大师杰里·森菲尔德在他的著作《这里有些啥？》（*Is this Anything?*）中写道：

每当我想到一个有趣的梗，无论是舞台表演时激发的灵感、闲聊时获得的启发，还是在黄色便签纸上创作时输出的成果，我都会将它存放在一个老式的折叠文件夹中……很多人都对我这种保存笔记的习惯深表惊讶。我实在不明白这有什么好惊讶的，我也实在不明白除此之外还有什么好记录的。难道还有什么能比这些更有价值么？

想象一下你最喜爱的某位运动员、音乐家或者演员。在他们公众形象的背后，总会存在一套既定的流程帮助他们实现从创意到创造的蜕变。这一道理对于发明家、工程师和管理者同样适用。创新和壮举绝非纯粹的机缘巧合，它们的背后是一整套严密的创作流程。

创建知识库：如何向思维活动索取“复利”

在第二章中，我们回顾了札记本的悠久历史。对于早期的知识分子和作家来说，获取信息的目的十分明确：为写作、演讲和交流提供养料。在对信息的终极用途了然于胸后，他们便可以对有必要记录的内容进行有效筛选。

这种套路对于当代的创新活动仍然适用。比如作曲家会携带一本誊满歌词和音乐片段的素材手册以助创作；软件工程师会建立一套实用代码库以备调取；律师会编制一本细节满满的案例集以供参考；市场专员则会标配一本汇聚优秀范例的广告宝典以资借鉴。

而对于我们一般人来说，如何将同样的套路运用到自己的日常生活中，的确是一大挑战。因为普通人对于信息的利用并没有明确的规划，所以在信息的筛选问题上会显得有些无所适从。当今的世界正以前所未有的速度变化发展，与此同时，大多数的普通人也难以获得专业性的创作平台。既然未来是如此扑朔迷离，那么眼下又该如何取舍信息呢？

为了回答这一问题，我们首先需要对“知识”的含义进行一番颠覆性的拓展。

知识绝不仅是身披白袍的希腊先哲的至理名言，也不仅是高级学者编纂的厚重教科书中的教学课文。在我们所生活的数字世界里，知识通常会以各种“内容”的形式表现出来——只言片语、屏幕截图、话题收藏、播客帖子以及其他的媒体形式。这些内容有些来自外部渠道，有些则是日常活动（撰写邮件、拟定计划、集思广益以及记录想法）时产生的。

麻省理工学院经济学家塞萨尔·伊达尔戈在他的著作《增长的本质：秩序的进化，从原子到经济》（Why Information Grows）中将实体产品描述为“想象力的具象化”，并指出正是这种具象化过程，可以将个体知识转化成可感知的具体实物：“分享观点其实就是将自己的思想具象化为有形或数字载体的过程。”他还写道：“将想象力予以具象化的能力亦可帮助我们从他人的思想中汲取实用的知识和技能。”

这些内容并不是一无是处的随机扰动——它们其实都是能够帮助我们将抽象的学问具象化的所谓“知识资本”。

知识并非总是高高在上的阳春白雪，它们其实就存在于你我身边，无所不在：或许沉睡在你的电子邮件收件箱里，或许散落在你的档案文件夹内，又或许游离于你的云端空间中。而知识的抓取就好比从我们的生活阅历中淘金。

有些知识资本看上去平平无奇，比如将去年制定的非现场财务规划翻新为今年的议案；有些知识资本则非常之高大上，比如因某本历史书籍而引发的、足以颠覆个人世界观的深度见解；还有些知识资本则介于上述二者之间。总之，知识资本可以帮助我们解决问题、提升效率、厘清概念或是吸取经验。

知识资本既可以来自外部环境，也可以来自内心世界。外部知识可能包括：

亮点：书籍或文章中极富见地的段落；

引文：播客或有声读物中令人印象深刻的内容；

书签和收藏夹：迎合你个人兴趣的网页或社交媒体帖子的链接；

语音备忘：在移动设备上录制的备忘信息；

会议笔记：有关会议或电话沟通内容的笔记；

图像：具有启发性或趣味性的照片或其他图像；

启示：参加课程、会议或演出时取得的收获。

环顾周围，你可能已经发现了不少生动案例。它们可能显得无序、分散甚至多变，但这都不影响它们存在的事实。请注意，你其实已经在创造和获取知识方面付出了或多或少的努力，接下来只须将它们稍加整理，便可使其成为你知识花园中引进的第一批种苗。后文将会介绍具体步骤。

在你收集外部知识的同时，你的内心世界往往会萌生出新的思想和感悟。这些当然也值得记录下来，它们包括：

故事：你所津津乐道的奇闻逸事，无论当事人是自己还是他人；

见解：对于某一话题的浅显认识或深刻领悟；

记忆：难以忘怀的生活经历；

反思：记录在手册或日记中的个人思考；

冥想：随机浮现在脑海中的所谓浴室灵感。

思想、见解或记忆的意义往往无法在短期内兑现。因此我们需要及时记录、反复重温、多角度剖析，如此才能充分咀嚼出其中的深刻内涵。想要做到这些，仅凭我们单薄的大脑当然是力不从心的，所以我们需要在某些外部媒介的协助下登上审视问题的制高点。而记录笔记则是最为便捷而高效的方法之一。

或许你对于使用软件而非私密日记记录个人想法仍持有一定顾虑。当然，采用何种记录方式完全取决于你的个人偏好，不过需要提醒你的是，你的第二大脑同样具有足够的私密性。在默认的情况下，数字笔记本里的记录都只有你本人可见，你可以自主选择想要与他人分享的内容。

从现在开始，你可以从上文提及的外部和内部知识清单里挑选两到三种你手头上储备最多、最有价值的内容。有些人注重内在思考，有些人偏好外部信息，而大多数人则是在二者中寻求某种平衡。千里之行始于足下，只要让自己迈出坚定踏实的第一步，假以时日，你一定能够成长为信息抓取的多面手。

不推荐记录的内容

前文所列举的一些范例可能看上去比较宽泛，那么有哪些内容是不需要纳入第二大脑记录之中的呢？事实上，以下四种内容并不适合记录在笔记应用中：

敏感或涉密信息：数字笔记中的内容很容易进行跨设备共享，这在增强信息可得性的同时，也降低了信息的安全性。因此，诸如税务记录、政府文件、密码及健康记录等信息不建议纳入数字笔记中。

需要专门应用打开的特殊格式信息：虽然你也可以将诸如图像处理（Photoshop）文件或视频片段等特殊格式的文件存入数字笔记中，但是你还是需要使用专门的应用才可以打开它们，因此将它们保存在数字笔记中并无太大益处。

容量巨大的信息：数字笔记主要用于存储短小精悍的文本或者图像文件，因此如果试图保存较大体积的文件，很可能会影响其运行效率。

需要协同编辑的信息：数字笔记适用于个体和私人用途，而不太适合团队协作。当然，你大可以与他人分享自己乃至团队的笔记内容，但对于实时的、多人参与的协同编辑需求，还是建议选用其他的专业平台。

十二个兴趣问题：诺贝尔奖得主的信息抓取法

如何对海量的信息进行有效取舍，已经成为困扰当代人的一大难题。我推荐采用一种高明的方法帮助我们做出决定，我愿称之为“十二个兴趣问题”，其灵感则来自诺贝尔奖得主、物理学家理查德·费曼。

费曼以爱好广泛和眼界宽广著称。早在孩提时代，他便显露出了一定的工程天赋，曾在父母外出办事时，利用家里的一些备用零件制造出了一个运行良好的家庭报警系统。费曼的一生可谓多姿多彩，他曾在巴西教授物理学，在此期间学习了邦戈舞和康加鼓，水平达到表演级别。他还醉心于周游世界，探索多样性的文化。

当然，费曼最为令人称道的还是他在理论物理学和量子力学领域的开创性发现，他也因此在1965年获得了诺贝尔奖。业余时间里，他还承担了“挑战者”号航天飞机空难调查委员会中的重要职责，并出版了大量的著作。

一个人，是如何做到跨越如此多的领域，取得如此多的成就的呢？他又是如何有效利用时间，让自己在享受精彩生活的同时，还能成为一代顶尖科学家的呢？

对此，费曼在一次采访中透露了他的秘诀：

你需要在脑海中整理出一打最感兴趣的问题，尽管大多数的时间可能用不着它们。每次当你听说或者学习到某些新发现或新技术时，就用这十二个问题进行测试，看看能否对其中的一项或几项有所帮助，那么每隔一段时间便会获得一些突破。不明就里的人们则会惊叹："这是怎么做到的？他一定是个天才！"

换言之，费曼的方法是随身常备十二个开放式问题，每当一项新的科学发现问世时，便可以用其对这些问题进行逐个测试，观察它是否能够为解决问题提供新的启发。这种跨学科的思维方法，能够帮助他在保持既有好奇心的同时，将一些看似无关的事物建立起联系。

美国作家詹姆斯•格雷克在其著作《费曼传》（*Genius: The Life and Science of Richard Feynman*）一书中提到，费曼曾在某次用餐时意外收获了有关物理学的启示。

当他在学生餐厅用餐时，看到有人将一个边缘刻有康奈尔大学徽章的餐盘抛向了空中，于是盘子便一边旋转一边摇摆起来。通过徽章图案的变化，费曼发现盘子旋转和摇摆的节奏并不同步。然而或许是灵光乍现，又或许是作为物理学家的直觉，费曼认为这两种周期运动之间具有相关性。费曼曾在回顾这段经历时表示，就在那个瞬间，他感受到了某种"顿悟"。

后来，费曼在论文中记载了自己的这一发现，也即盘子的摇摆和旋转频率之比为2：1。简单明了的结论背后，揭示了一种更为深层次的运动规律。

曾有一位物理学导师就上述结论的意义向费曼提出疑问，而费曼则回应道："这一点儿也不重要……我无须顾虑事物是否重要。这不就好玩多了吗？"言下之意，他不过是忠于自己的直觉和好奇心而已。然而事情后来还是"闹大了”，费曼在对物质运动和相互作用规律的研究上越挖越深，最终为自己赢得了诺贝尔奖。

在这一方法的指引下，费曼始终以自己的兴趣为导向。他从阅读、交流和日常生活中发现问题、提出问题，并不断寻求解决方案。每当找到一个答案，他便将它与其他问题进行串联。而在外人看来，他的成就则更像是一种天才的“灵光乍现”。

我们不妨也向费曼学习，不时问问自己：“有哪些问题是我一直以来很感兴趣的？”它们可以是诸如“如何提升社会的公平公正”之类的宏观、笼统的问题，也可以是诸如“如何培养日常锻炼习惯”之类的实际问题；可以是诸如“如何增进情侣间感情”之类的恋爱问题，也可以是诸如“如何将更多的时间分配给高附加值的工作”之类的职场问题。

我还从学生那儿搜罗到了更多的一些兴趣问题范例：

如何让自己不再沉湎于过去，更好地活在当下？

如何制定与中长期目标相吻合的投资策略？

从“无脑消费”到“专心创造”的转变是怎样一种体验？

将孩子们哄睡着后，我该如何抵御肥皂剧的诱惑，早点上床休息？

如何让企业兼顾盈利性和生态可持续性？

如何克服对于承担责任的恐惧感？

作为学校来说，如何为需要特殊照顾的学生们提供更多资源？

如何走出“囤书而不读书”的窘境？

如何才能又快又轻松地完成任务？

医疗系统应当如何更好地满足人们的需求？

有没有更加简单的健康饮食法？

如何提升做决策的自信心？

请注意，这些问题中有些是抽象的，有些则是具体的；有些涉及长期诉求，有些则更像是临时起意；许多问题都着眼于生活改善，还有一些则更关注事业成功。这一方法的关键在于提出开放式问题，无须一个标准答案。如此一来，我们才能在追寻答案的过程中不断激发自己对于这个神奇世界的求知欲和好奇心。

兴趣问题的魅力在于它们是经久不衰的。虽然每个问题的具体表现形式可能会随着项目、工作、情感和职业的不同而有所变化，但它们的陪伴是长期的，而且历久弥新。建议你在家人和儿时玩伴的帮助下，回忆自己小时候的兴趣是什么。没准这些兴趣在今时今日仍然能够成为点燃你无穷想象力的一束火光。更进一步讲，这也意味着你目前所收集的所有内容，都有可能成为开启未来新世界大门的一把金钥匙。

作为广受欢迎的模块化玩具，乐高积木让一代又一代的孩子为之着迷，我也曾是其中之一。不过根据父母的说法，我玩乐高积木的方式与其他孩子大为不同，我会花费大量的时间用于积木的排列和重组，并对从成千上万块形状大小各异、混乱摆放的积木中创造出新的秩序而感到乐此不疲。我会根据不同的颜色、尺寸或主题开发不同的排列计划——如果能够构建起正确的系统性方法，那么我也能够拼出自己的原创作品，比如科幻电影中常见的炫酷飞船。对此我深信不疑。

现在我们再来看一个几乎同样的问题——如何从一片混沌中取得创新？这一问题的答案至今仍然激励着我。只不过现在的问题表现形式从乐高积木变成了数字信息管理。多年以来，对于这一问题的求索使我受益匪浅。请不要寄希望于寻求一劳永逸的固定答案，而应当将这一问题作为指引我们学习方向的北极星。

现在，请花一些时间将你自己的兴趣问题书写下来。我在此建议：

向身边的亲友询问你孩提时代的重度爱好是什么（这种喜好通常在你成人之后仍能得以延续）；

不要纠结于凑足整整十二个问题（问题的数量并非重点，不过还是尽量多想几个吧）；

不要纠结于问题清单是否完美（这只是第一步而已，后续还会不断改进）；

使用开放式的措辞表述问题，以促进答案的多样化（诸如是非题等单一答案的问题是不可取的）。

详情请访问https://www.Buildingasecondbrain.com/resources。

随后，我们便可利用自己的兴趣问题清单决定如何进行信息抓取，抓取任何可能为这些兴趣问题提供解决方案的信息。本章后文还将为你推荐一些信息抓取工具，当然你也可以从《第二大脑资源指南》中获得相关帮助。

信息抓取标准：如何避免信息泛滥（或匮乏）

一旦你确定了需要第二大脑介入的问题种类，那么接下来就应当对各种信息的效用进行排序了。

试想，你在上网冲浪时碰巧发现了一篇营销大神传授经验的博客帖子，你的眼前倏地一亮：这不正是你心心念念很久的专业素材嘛！这位大佬总算把他的秘诀抖搂出来啦！

对此，你的第一直觉可能是把整篇文章一字不落地保存下来。这可是超高质量的信息，难道不应该全部记下来么？不过问题在于，这是一篇足有数千字的深度长文，即使你已经花费了20~30分钟的必要时间进行消化，日后重温时，你可能仍需花费同样多的时间再通读一遍，因为大多数的细节已经不记得了。你也不可能仅仅将文章的链接收藏起来以待日后参阅，因为你从一开始就不清楚帖子里究竟说了些啥。

这是一个经常令人感到困惑的问题。有的人对每一条内容都加以精心研读，然而没过多久便会将细节忘得一干二净；有的人则涉猎过于广泛，因乱花迷眼而错失了许多优质信息。

我在此提供一个很好的解决方案。首先我们必须认识到，对于任何一条内容来说，其价值的量都不是平均分配的。其中总有某些部分的内容对于你来说是尤为有趣、有益，或者说有价值的。当你意识到这一点以后，答案就呼之欲出了：你可以仅提取那些最具显著性、相关性和营养性的内容，从而让自己的笔记更加简明扼要。

请不要整章整章地拷贝书中的内容——只摘抄部分精选的段落即可；不要整篇整篇地照搬访谈记录——只保留部分精彩的桥段即可；不要整页整页地保存网站数据——只截取部分有趣的内容即可。优秀的博物馆长对于纳入馆藏的作品是极度挑剔的，你也应当这样。有了数字笔记应用，只须保存一个链接，便可以帮助你在日后需要重温信息或挖掘细节时快速跳转至原文。

根据我的观察，人们在制作数字笔记时常常落入的一个陷阱，就是信息泛滥。如果你过分追求信息的大而全，那么便很可能会让今后的自己深陷在一大堆无关信息中。到那时，你的第二大脑将会变得与社交媒体同样有害。

说到信息抓取，如果需要更精确的量化指标，那么我建议笔记的篇幅至多不超过原文的10%。一旦超过这一比例，便会大大增加日后重温的难度。凑巧的是，10%的比例同样是大多数电子读物允许读者导出重点内容的篇幅限制。

这就是为什么我们需要以管理者的视角来看待信息抓取——在接纳各种信息之前，我们要扮演好信息评价者、编辑者和诠释者的角色。采取管理者思维意味着我们要掌控自己的信息流，而非随波逐流。如果你在抓取原始素材时越是经济有效，那么日后在组织、提取和传播这些信息时就越是省时省力。

我在此建议采用以下四大标准帮助你判断何种信息是适宜记录的。

信息抓取标准1：是否具有启发性

灵感是一种最为稀有和珍贵的人生经历。它会帮助你获得最佳的工作状态，然而其本身却是可遇而不可求的。我们可以用谷歌搜索问题，却无法搜索灵感。

不过我们还是可以通过一些办法提高灵感出现的频率：不断地收集具有启发性的对白、照片、设想以及案例。每当你在寻求某种突破、某个新视角，或是某些动力的时候，你便可以时常对这些启发性的信息加以审视，看看是否可以从中获取一些智慧的火花。

举例来说，我会将收集多年的客户反馈保存在一个文件夹中。任何时候，每当我觉得自己的工作并不重要，或者做得不够好时，我便打开这个文件夹，如此便能让想法得以改观。

信息抓取标准2：是否具有实用性

木匠们常常会将诸如钉子、垫圈、碎木料、木质或金属件等一些零碎物品放置在工坊的角落里。这些边角料的保存成本很低，却往往能够在未来的某个项目上发挥出惊人的作用。

有些信息一眼看上去平平无奇，但却可能在今后派上用场。例如统计数据、参考信息、研究发现或是实用图表等——这些都无异于木匠们储藏在工坊里的各种备件。

例如我就有一个文件夹，专门用于保存各种在线或离线的照片、图像以及绘画。每当我需要制作幻灯片、网页，或是寻找灵感的时候，一个琳琅满目的图像素材库便早已准备就绪了。

信息抓取标准3：是否具有个性

个性化的信息——个人的观点、反思、记忆以及念想等，可说是最具有保存价值的一类信息。除了经久不衰的日志或日记以外，现在我们还可以利用数字笔记记录自己的生活，并对我们区别于他人的个性特质产生更加深刻的认识。没有任何人能够夺取我们从自己的对话、错误、成功以及教训中积累的人生智慧；也没有任何人比我们更加珍惜自己从生活的点点滴滴中收获的万般感触。

我常常会将自己与亲朋好友聊天的记录加以截屏保存。由于我无法时刻陪伴在他们身边，因此在与他们聊天过程中出现的一个又一个温暖而幽默的瞬间，对于我来说都是弥足珍贵的。保存聊天记录只需花费一点儿时间，但却可以让我深感欣慰，因为我与这群最亲近的人们之间的美好回忆，已经被永久珍藏在我的第二大脑中。

信息抓取标准4：是否具有新奇性

我常常发现，许多人都会将一些自己已经了解、认可，或是不难推测的信息记录下来。我们总是倾向于不断寻找证据反复确认自己的既有信念，这是人类的一种天性，学术上被称为“确认偏误”（Confirmation Bias）。

不过这可不是第二大脑应该干的活儿。现代科技的奠基人之一、著名信息理论家克劳德·香农对信息做出了一个简单的定义：让你耳目一新的东西。如果某条信息并没有让你感到眼前一亮，是否意味着你已经对其有所了解？那么为何还要记录下来呢？新奇性是一个理想的评估指标，可以让我们收获许多偏离传统认知或者说可能会改变我们既定思维的信息。

有时候，我们可能会遇到一些既不具备启发性和个性、又找不出明显用途的信息，而唯一值得一提的是它们比较新奇。也许还没等你回过神来，它们就已经对你的固有观念发起了冲击，让你的大脑浮想联翩，并不由得对其刮目相看。遇到这样的信息，可千万不能错过啊！

事实上，我们已经被各种算法和社交媒体重重包围，不得不让自己的固有观念和既定思想受到一遍又一遍的强化。因此，你的第二大脑不应该再被当作确认自己既有认知的另一种工具。

信息抓取需要广纳八面来风，掌握这一方法将会让我们远离思维僵化：将那些针锋相对，或是与我们的既有观念相冲突的观点加以记录，有助于锻炼我们多渠道获取信息的能力，避免先入为主地直接快进到结论。我们可以通过积极的思维活动——对各种想法进行扭曲、延展以及混搭，消解许多偏执的刻板印象，并将其中某些有利的观点或元素借鉴运用到实践之中。如果我们抓取的信息无法改进我们的思想，那么这一切的意义又在哪里呢？

信息抓取终极标准：是否让你为之共鸣

我在上文中提供了信息抓取的若干参考标准，不过本章的所有内容大可一言以蔽之，那就是：让你的笔记更加“走心”。

原因如下：使用冗长的要点清单进行分析决策是一项繁重而充满压力，同时也最为耗费脑力的思维活动。如果你在记录笔记的过程中消耗了过多的精力，那么到了后续高附加值的思维阶段（牵线搭桥、发挥想象、构建理论及创新思想等）便会捉襟见肘、难以为继了。就像阅读一样，如果你的阅读和学习行为总是给你带来不愉快的体验，那么久而久之，你的阅读次数就会变得越来越少。换言之，培养阅读习惯的秘诀在于，让阅读成为一件轻松愉快的事情。

因此你在日常与各种内容打交道时，请留意自己的内心有没有被某条信息打动或是惊艳到。这种特别的共鸣感——如同来自灵魂深处的回响，便是直觉在向你发出强烈提醒：一定要把它记录下来！你无须深究产生共鸣的原因，只需要关注以下一些信号：你的眼睛瞪得浑圆、你的心跳漏了一拍、你的喉咙略显干涩、你的世界一时静止。所有这些都在向你发出强烈提醒：一定要把它记录下来！

神经科学研究告诉我们，“情感能够引导而非扰乱理性思维”。如果某个事物触发了我们的共鸣，实际上就是我们的直觉在情感的驱动下，赶在逻辑思维查明原因之前告诉我们：这件事很有趣哦！我常常会与某些内容产生一些难以言说的共鸣，而它们的真正妙处则在事后很久才慢慢浮现出来。

我们还可以通过《行为变化设计》（*Designing for Behavior Change*）一书中提供的某些科学证据对直觉中隐含着的理性因子略做管窥：

在一项著名的实验中，研究人员为参与者们提供了四堆扑克牌——其中既有必胜牌，也有烂牌。游戏开始时，参与者们并不知道牌堆是有优劣之分的，然而，如果选中烂牌的话，他们的身体却出现了某些表示紧张的信号。这种紧张感是自发的，因为他们的直觉已经意识到情况不大对劲了——远远早于理性思维做出同样的判断。

对此，该书作者总结道："即使没有理性思维的参与，我们的潜意识也可以自行开展学习并做出反应。"

如果你总是对来自内心直觉的呼声充耳不闻，久而久之，你的灵感便会归于寂静并烟消云散。如果你不断地锻炼自己倾听内心声音的能力，那么你的潜意识力量便会变得愈发强大，可以在各种场合中适时出现并发挥作用：它会帮助你做出决策和制定目标；它会提醒你规避某些不适宜的人物或场合；它还会鼓励你坚定自己的信念并克服内心的恐惧。

我还想不到其他任何一种行为，可以比仔细倾听内心直觉的声音对于创新活动乃至整个生活更为重要。直觉是你的想象力、信心以及动力之源。在日常生活中，我们可以通过记录笔记的方式锻炼自己聆听直觉的能力。

即使原始网页丢失，通常我们也可试着借助"网页穿越机"（Wayback Machine，一个保存了海量网页的互联网档案库，网址为https://archive.org/web/）寻找相应的网页存档。

在抓取"走心"内容的过程中，我们还应留意某些实用的细节信息。在此建议将提示笔记出处的相关重要信息一并加以记录，例如原文网址、文章标题、作者或发布者、发布日期等。许多抓取工具甚至能够自动识别和保存上述信息。与此同时，相关的章节名、标题以及项目符号列表等也建议保存下来，因为这些都是文章作者为你所做的总结提炼，可以使你的笔记更加结构分明、条理清晰。

笔记应用拓展说明：关于信息抓取工具的选择

现在我们对于第二大脑的记录标准已经有所了解。接下来将讨论一个细节性问题：如何进行信息抓取的具体操作？

假设你正在阅读一篇有关营销学的深度好文，并选定了一条与自己的计划高度相关的具体建议。大多数的笔记应用（详见本书第二章以及《第二大脑资源指南》中的相关推荐）都内置了从外部渠道获取摘录的功能，你只须通过简单的“剪切”和“粘贴”操作，便可以快速生成一则新的笔记。除此之外，你还可以选择某些更加专业的抓取工具，让你的信息抓取工作变得更加简单

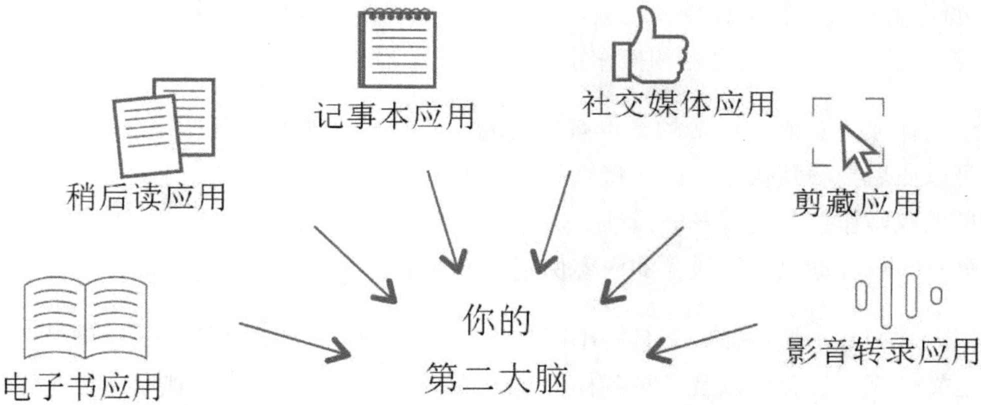

甚至充满乐趣。

最为常见的一些信息抓取工具包括：

电子书应用：你可以批量导出重点或注释；

稍后读应用：你可以将中意的在线内容加入“书签”以便稍后阅读（亦包括聆听播客或者观看视频）；

记事本应用：通常内置于移动设备中，便于你快速抓取简短文本；

社交媒体应用：你可以将目标内容加以收藏，并将其导入笔记应用中；

剪藏应用：帮助你保存部分网页内容（通常作为笔记应用的内置功能）；

影音转录应用：将语音转换为文本；

其他的第三方服务、集成功能以及插件：实现目标内容在各种不同应用之间的自动导入。

鉴于软件使用环境的不断变化，我制作了一份资源指南，对一些值得推荐的优秀抓取工具进行持续更新。其中免费和收费应用都有所收录，同时还兼顾了不同种类的设备和操作系统。

这些抓取工具既有免费的，也有付费的。其中一些抓取工具是完全自动化的，可以在后台静默执行（比如将纸质笔记摄制为数码相片）。不管怎样，信息抓取操作并不费时——只须点击一下“分享”“导出”或者“保存”按钮——哇哦，你已经把最棒的内容保存在了你的第二大脑中。

你无须顾虑：这些抓取工具并不影响你使用其他的信息管理软件——例如电脑文件夹、云存储以及各种各样的文档共享与协作平台。信息抓取工具是你神经系统的拓展，有助于你更加深入地感知外部世界。

即使你使用的软件种类再多，也请注意将各种知识信息集中存放于你目光可及之处。请确保你苦心收集到的宝贵信息在你的笔记应用中落地生根、有机整合并充分发挥效用。

以下提供一些利用抓取工具保存信息的主流方法：

从电子读物中抓取信息：大多数的电子书应用都提供了标注文段重点的快捷方法，比如亚马逊的电子阅读器（Kindle），只须用指尖轻轻划过，便可以将某个句子或文段圈为重点。接下来你便可以点击“分享”按钮，将你在整本书中标记出的所有重点内容一键导入你的数字笔记中。你还可以一边阅读，一边在字里行间添加备注，以便当下的阅读体验在日后得以重温。

从网文或网页中抓取摘要：当你在网上发现了一篇中意的美文或博客帖子时，可以将它们暂存在稍后读应用中。此类应用就像一本收录了所有你感兴趣的内容的数字杂志，一旦你有了空余时间，便可以随手翻阅几篇一饱眼福。和电子读物一样，你也可以为文章标注重点，并借助某些第三方平台，将这些文章自动导入你的笔记应用中。

从播客中抓取金句：许多播客应用为你提供了书签或截取功能，有些应用甚至具备了语音转文字功能，因此你可以在自己的笔记中进行导入和查询等操作。

抓取语音备忘录：如果你安装了语音备忘应用，那么只须轻轻按下录制键，便可以利用智能手机进行录音。而你所说的每一句话都将被转化为相应的文字，导入你的数字笔记中。

从优兔视频中抓取文本：优兔里有一个比较小众的功能，就是几乎每一段视频都配有一份自动生成的字幕文本。只要点击“打开字幕文本”按钮，弹出相应的字幕窗口，便可以将字幕文本拷贝到你的数字笔记中。

从电子邮件中抓取内容：大多数的主流笔记应用都内置了邮件转发功能。你可以利用该功能将电子邮件的全部文字（包括附件）添加到你的数字笔记中。

从其他应用中抓取内容：也许你编辑照片时使用的是相册应用，绘制草图时使用的是画图程序，而刷网络帖子时使用的又是某个社交媒体。无论怎样，只要这些应用内置了分享按钮，或者允许用户进行拷贝和粘贴，那么你就可以把自己所创作的内容直接导入你的数字笔记中妥善保存。

将内心思想具象化的惊人收获

想法的产生往往是随机的——通勤时、休闲时、陪伴家人时或者沐浴时，都可能闪过一道思想的火花。

你的第二大脑可以帮助你将各种零乱的想法归集在一起并存放于一块备用区域。这样做不但有利于智力成果的长期保存和利用，同时，看似简单的记录行为背后还蕴含了许多其他的深远意义。

首先，通过自己的语言加以复述的信息，会更加容易记忆，这即所谓的“生成效应”（Generation Effect）。研究人员发现，相比单纯阅读文字来说，当人们通过读或写等活动主动生成词语时，那么他们的脑部会有更多的脑区得到激活。将头脑中的思想记录下来，也不失为一种有效的“复习”办法，如同日常的舞蹈或投篮训练一样，可以让相关的技能变得更加巩固。

丹尼尔·雷斯伯格在《逸出增益：大声思考的好处》（The Detachment Gain:The Advantage of Thinking Out Loud）一书中将该现象称为“逸出增益”（detachment gain），意指通过读写等方式“将内心思想具象化”，从而取得某些独特优势以及“发现新的可能性”。举例来说，如果反复抄写对你记忆单词有所帮助，那么你便是这种“逸出增益”的受益者了。

强化记忆仅仅是一个开始。当你通过书写的方式表达思想时，它不仅是将你脑海中的想法转化为白纸黑字或是数字文本。写作活动还可以创造出本不存在的新知识。你所书写的每段文字都可能触发“思想级联”（mental cascades）和内部关联，从而推动思想的进一步演化，最终跃然纸面或屏幕之上。

总之，写作既来源于思考，又有助于思考。

甚至还有证据表明，写作活动可以为我们的健康福祉带来增益。20世纪90年代发表的一篇被广泛引用的心理学论文指出，“将情感转化为语言的活动，引发了社会性、心理性、神经性等多方面的深远影响”。

一系列广泛的对照研究发现，记录自己心路历程的行为有助于降低就诊次数、改善免疫系统以及缓解焦虑情绪。情感话题写作对于改善学生学习成绩、帮助失业人员重归职场，以及提高职工出勤率都大有裨益。而上述研究发现中最令人啧啧称奇的一点便是，这些收益完全不依赖于外部投入。换言之，写作活动本身便可以产生诸多收益，无须任何读者或其他受众参与。

也许，将内心思想加以具象化的一个最直接的好处就是可以帮助我们摆脱所谓的（负面）反应循环（reactivity loop）——一种由网络世界中充斥着的各种焦躁、愤怒、煽情等负能量所拼接而成的“戾气仓鼠轮”。请不要在初次接触某种思想的时候便对其盖棺定论，不妨将该问题暂时搁置一下，以便让自己回到更加客观的立场上来。

如今，有了第二大脑帮助我们应对铺天盖地的媒体风暴，我们大可不必对每条新信息都做出即时反应，或是担心错过某些重要内容。我们可以先让子弹飞一会儿，等我们变得更加冷静、更有把握的时候再行处理。在吸收新信息时要注意放慢节奏，并将其与自己的思考有机结合在一起，避免仓促行事。我常常遇到这样一种情况，就是当我把某些乍看起来非常重要的信息导入“稍后读”应用，过段时间再来重温时，却惊讶地发现它们竟已变得如此微不足道。

记录笔记是最为简单易行的思想具象化方法。它易于上手、私密性强，并且不受时间和场合的限制。一旦将抽象的思想具象化，我们便可以予以认真检视、与之巧妙互动并对其善加利用。这即一条充分挖掘个人思想潜能的快捷通道。

课后思考：简便带来改变？

本章的内容十分丰富，有待读者们细细消化。抓取知识的方式多种多样，不过作为初学者来说，想要面面俱到是很困难的。

我在此想给刚入门的你提出一个开放式的问题作为启发：如果信息抓取变得更加简单，将会带来怎样的变化？

考虑一下，你希望在哪些方面获得更多（或更少）的信息？信息抓取是一种怎样的体验？有哪些领域对你来说比较熟悉，可以作为信息抓取的首选方向？

今天或本周有哪些具体安排呢？我平均每天只制作两份记录，那么你今天又收获了哪两种值得记录的想法、见解、观察、视角或者教训呢？

让信息抓取工作变得更加轻松是非常重要的，因为它仅仅是信息管理的第一步。你需要反复操练，直至让其成为你的第二本能，从而为后续的处理步骤节约时间和精力，如此方能将信息的价值充分挖掘出来。

不要把信息抓取看得太过复杂。它不过是将你走过的心路历程加以记录；不过是从你生活的点点滴滴中汲取养分；不过是更加关注细节，让你充分享受生命的每一刻。

不必担心你的抓取方法是否“正确”，方法没有绝对正确或错误之分。检验方法优劣的唯一途径就是将其付诸实践（详见后文）。与此同时，不妨多多尝试各种数字笔记应用和信息抓取应用，以便判断哪些应用使用起来比较顺手。不要忘了还有我为你精心整理的资源指南，也许可以对你的选择提供一定的帮助。

如果在信息抓取的过程中遭遇瓶颈或是不知所措，不妨让自己先缓一缓。要知道，在数字世界中没有什么是永恒不变的，数字内容拥有着无限的可塑性，因此我们也需要懂得适当变通，而不必过于执着。虽然“信管法则”的每个步骤都是与其他步骤环环相扣、相辅相成的，但这并不妨碍你单独使用某一具体方法。你可以先从那些让你深感共鸣的信息开始抓取，在获得了足够的经验和自信后，便可以将信息抓取范围扩展至其他领域。

下一章中，我将会向你介绍如何对第二大脑中收集的各种知识资产加以充分利用。

第五章

组织：以行动为导向

只有让生活井井有条，才能让工作饱含激情。

——居斯塔夫·福楼拜，法国小说家

特怀拉·萨普是世界最为著名和最富创意的舞蹈编导之一，她的知名作品超过160件，其中包括129段舞蹈、12辑电视节目、6部好莱坞主流电影、4套完整长度的芭蕾舞、4场百老汇演出以及两组花样滑冰动作等。

舞蹈似乎是最难以从“组织”活动中获益的创造性活动。每场舞蹈都是现场表演，依靠的是舞者的身体力行，通常还带有一定的即兴和自发成分。然而，在《创造性的习惯》（*The Creative Habit*）一书中，萨普指出，她会使用一种简单的组织方法指导艺术创作——助力她走过60多年硕果累累的职业生涯。

萨普将她的方法称为“文件盒”。每当她启动一个新项目时，便会拿出一个可折叠的文件盒，并在标签上写上项目名——通常是她编排的舞蹈名。这种启动仪式让她自项目伊始便获得了一种目标感：“这个文件盒会让我感到一切有条不紊，提醒我已经把所有的舞蹈动作悉数收录，只须继续思考下一步即可。此外它还营造了一种使命感。自打将项目名称写在文件盒上的那一刻起，我便意识到我的项目已经正式开工了。”

萨普将所有与项目相关的内容——“比如笔记本啦，新闻剪报啦，音乐光盘啦，还有我独自一人在工作室里制作的录影带和舞蹈演员们的排练视频，以及给我带来启发的书籍、相片和艺术作品等”统统安放在她的文件盒里，就像一锅盛放着创新食材的大杂烩。文件盒俨然已经成为她从事任何项目时的百宝箱和指南针。

萨普在她的书中还介绍了一个凸显出文件盒重要价值的特别案例。有一次她与流行摇滚偶像比利·乔合作，试图将他的一张歌曲专辑改编成为一场完整长度的舞蹈表演。这是一个大胆的想法，这种改编介于音乐片与音乐剧之间，而又与二者存在着明显不同。就好比撰写一部形散而神不散的小说，不同章节（曲目）中的人物看似相互独立，却又共同构成了一个有机整体，这可有的好摸索了。

即便是这样一种开放式的项目，在具体实施的过程中也和其他项目别无二致，均需做好目标设定："我坚持认为应该为每个项目设定初始目标。有时候它们简短得就像是挂在口头上的碎碎念，比如'别搞那么复杂！''要完美！'或是'省点钱！'等。它们可以在我陷入迷茫时帮助我找回自己的初衷。我通常会将这些目标写在一张便笺上，这就是我放进文件盒里的第一份材料。"

对于和乔的合作，萨普给自己设立了两个目标：第一是厘清并拿捏好叙事和舞蹈之间的微妙关系。对于充满好奇心的萨普来说，这是一个具有长期吸引力的挑战；第二则是苦练和重赏（也即给舞蹈演员支付丰厚的报酬）一样都不能少。她介绍说："我将这两个计划目标——'说好故事'和'挣够钞票'写在两张蓝色的索引卡片上，于是它们便成了乔项目文件盒中的压箱之宝……它们就如同一对定海神针，让我在长达数月的艺术探索之旅中始终不曾偏离自己的创作初衷。"

从那以后，所有与该项目相关的研究材料——比利·乔的音乐视频、现场演出、演讲、照片、新闻报道、歌单乃至歌曲中的每个音符，都会被收录至萨普的文件盒中。萨普还广泛收集有关越战的电影、新闻以及重要著作，甚至还从别的文件盒中寻求借鉴——比如挖出了一个被雪藏良久的舞蹈节目。

为了做好项目，萨普还祭出了自己的许多艺术藏品激发整个团队。比如她将一对耳环、一件流苏背心分享给了服装设计师，将一本介绍迷幻灯光秀的书籍交给了灯光师，还和美术指导一起，从其他舞台演出以及乔童年时期在长岛拍摄的照片中挖掘灵感。

最终，萨普四处搜罗的创新素材累积起来，竟然塞满了12个文件盒。尽管从外界获得了如此海量的资源，但这并不意味着萨普本人不曾做出过原创贡献。举例来说，她从乔的早期作品《不羁的她》中发现了一段充满天真与甜美的精妙旋律，并决定对其进行再创作："你可以发现，在我的改编下，曲风变得不再那么悦耳。听着听着，你会感觉自己仿佛同时置身于两个污浊不堪的酒吧，一个在越南，一个在家乡。后来我请比利试演了这一版本，并郑重地警告他说，'我好像是在糟蹋你的曲子。'然而他却淡定自若地回答我，'接着搞。'"

由此看来，特怀拉·萨普的文件盒真可说是她创作生涯中的力量之源了。

文件盒给了萨普接受一切挑战与风险的底气。"对我来说，文件盒就好像是脚下的土壤，如此基础、如此地接地气、又是如此地不可或缺。它就像是我的一个大后方，每当我需要重新出发或是锚定方向时，都可以得到它的支持。它给予了我自由的力量，让我勇往直前，即使一败涂地也毫不畏惧。"

在文件盒的帮助下，萨普的项目管理工作可谓张弛自如："文件盒让我和项目之间产生了紧密的羁绊……即使对于一些非重点的项目来说亦是如此：虽然它们躺在书架的边边角角，但我对它们的具体位置一清二楚。盒子封面上那些用黑色加粗字体标识的项目名称，总在不断地提醒着我，曾经有过一些不错的想法，随时等待着我去再度激活。"

最后，文件盒还有利于萨普从以往的成功中总结经验。"文件盒有一个终极的好处，就是它可以帮助我们进行反思。许多人并没有意识到反思的重要性，每当完成一项任务时，他们便会如释重负，在稍事休息后又直接奔赴下一个目标。实际上，文件盒为我们提供了一个很好的反思渠道，如果我们能够像考古学家一样持续挖掘文件盒里的丰富内容，那么便可以让自己穿越回每个项目的开局之初，再来探寻一些充满启发性的问题——我当时是如何处理的？既定目标是否达成了？是否采取了改善措施？执行过程中是否遇到某些变数？还有没有更加行之有效的方法呢？"

特怀拉·萨普的文件盒充分体现了一个小小的文件收纳用品所蕴含的巨大价值：通俗易用，创建和维护容易，便携性和稳定性强，便于查找、分享和归档等。可不要让那些复杂烦琐的系统把我们的工作也变得更加复杂和烦琐。

大教堂效应：为你的创意提供广阔空间

请思考一下，我们在设计和规划物理环境上花费过多少时间呢？我们精心采购各种家具，深思熟虑数周时间只为了确定墙漆颜色，反复推敲植物和书籍的摆放位置，甚至对灯光、室温，以及空间布局等细节对于感知和思考的巨大影响都了然于胸。

学术界将这种现象命名为“大教堂效应”（the Cathedral Effect）。研究发现，环境会对个体思维模式产生重大影响。当人们身处开阔空间，例如某些宏伟壮观的古典教堂建筑内时，思维格局会被明显打开；而当人们处于相对逼仄的空间内时，思考的内容则会变得更加具体。

人们对于营造令人沉静而专注的物理环境的必要性早已达成共识，然而却很少会关注如何通过改善数字办公环境来提升生产力和创造力。作为脑力工作者，我们每天花费大量时间和数字环境——电脑、智能手机以及互联网等——打成一片。我们应当对各种虚拟空间进行有效的掌控和塑造，使其与我们的思维模式相匹配。否则，在数字世界中度过的每分每秒，都会让我们的精神感到无比疲惫和涣散。

第二大脑不仅仅是一种工具，更加是一种环境。它是一座知识的花园，其中既有一道道稀松平常的蜿蜒小径，又有一个个深藏不露的隐秘角落，这里的每一条道路都可能成为某个创新思想和观点的跳板。每一座花园都源于自然，而又不完全顺其自然，需要有专门的人士播撒花种、修剪杂草、打理步道等。现在，是时候花更多心思精心打磨与我们朝夕相处的数字环境了。

如果数字环境打造得力，那么在需要执行任务或开发创意时，你便能更加有的放矢，而不会坐在电脑屏幕前大半天时间，才收集到一些最基本的原始材料。第二大脑就好比一座思想上的大教堂，你可以随时前往拜谒，从外面的世界中一时解脱出来，沉浸在属于自己的一方天地之间。

所以，构建第二大脑的下一步，就是创造一个有利于思考的空间，以便对之前所抓取的各种碎片信息进行有效组织。

以行动为导向：是什么难倒了99%的笔记记录者？（附破解之策）

只要养成了正确抓取信息的良好习惯，那么每当各种信息如同潮水一般向你汹涌而来时，你都会感到无比兴奋。

你会对每一本书、每一次谈话、每一场访谈都全神贯注。你所发现的每一个有趣的想法都会被可靠地记录备用。正是第二大脑将记忆的不确定性转化为确定性。

然而，可能用不了多久，你便会遭遇到一个新的问题：如何妥善处理这些宝贵的素材呢？你在收集信息的时候越是孜孜不倦，这个问题就越发显得严重。如果只是一味地抓取信息，而无法进行有效组织和检索的话，最终只会让人更加无所适从。

我曾花费了数年的时间，尝试过各种不同的方法，试图找出一条对数字生活进行合理组织的有效途径。我曾试着从物理空间的组织学、格式各异的笔记本，甚至图书管理普遍采用的“杜威十进分类法”中寻求借鉴；我曾试着将文件按照日期、主题、类别或是其他各种五花八门的标准加以组织。不过这些方法纷纷以失败而告终。

究其原因，上述组织系统中没有任何一种是与我的日常生活紧密契合的。它们总是让我受困于一系列错综复杂的规则之中，从而挤占了大量原本可以用于其他事务的时间，这就导致了它们的日渐式微。每当我放弃一套失败的组织方法后，便会重新退回到将所有笔记和材料归集在单个文件夹（通常是某个正在进行的项目）的路子上来。这种做法至少可以保证我手头上的项目能够获取到足够的资源——什么标签啦、归档啦、关键词之类的统统都不重要。

有一次我突然醒悟：为何不将这种文件组织方法一直沿用下去呢？既然按照项目分类是最省事也最自然的信息管理办法，那么把它设为默认不就可以了么？

“Para”是希腊语“并行”之意，英语单词“parallel”（平行）便以它为前缀。这种命名方式可以让我们很容易联想到，第二大脑是和我们的生物大脑并行不悖的。　也许你已经发现，我特别喜欢采用四字结构。话说数字4确实有着特别的魔力。研究表明，人们在毫不费力的情况下，一次最多可以识记4个数字或字母。

于是我便这么做了。出乎意料的是，这种做法非常有效。长期以来，我和成千上万的学员以及支持者一道，不断对这种以行动为导向的方式进行改善、简化以及测试。最终我将这种组织方法命名为PARA系统（PARA ），它很好地概括了生活中常见的四大信息类型，也即项目（Project）、领域（Area）、资源（Resource）以及存档（Archive）。这四大类型是普遍适用的，足以囊括信息的各种种类、渠道、格式以及目的 。

无论你来自哪个领域、从事何种职业，PARA系统都可以助你一臂之力。最根本的一条原因就在于：它是一种重行动、轻分类的信息组织法。这种方法假定信息组织活动是为了服务当前正在运作的一系列项目的。于是项目成为你数字生活中最基本的组成单位，从此你不必再根据各种纷繁芜杂的主题乃至二级主题进行笔记分类，而只需要回答一个简单的问题：“这条信息放在哪个项目里最管用？”

举例来说，假设你发现了一篇关于“如何培养韧性”的优秀文章，你当然要将它收录进笔记当中。但与此同时，你可能会陷入深深的纠结：明明知道它很有用，但应当把它保存在哪里呢？今后想要查阅的时候还能记得在哪里找么？你的这番纠结很快便会升级为一种选择焦虑。

大多数人可能会将这种文章存放在心理学分类的文件夹中。这看上去非常符合逻辑，不过问题在于，心理学这一分类过于宽泛而不够实用。想象一下，数周或是数月过后，当你突然需要这条信息时，得花费多少时间才能在一个如此宽泛的主题下定位到当初收录的一篇文章呢？毕竟在这一主题下可能还收录了大量其他的文章、书籍以及各种资源，其中很多都缺乏实用性，因此光是把心理学文件夹中的一个个内容梳理清楚，可能就需要耗费你数小时的时间。

我使用“文件夹”这一术语指代数字笔记应用中文件组织的基本单位。某些应用软件会采用“标签”形式，这二者本质上大同小异。

现在，我向你推荐另一种做法，也即根据信息的实用性进行保存。只须稍花些工夫，将信息存放在某个特定项目的文件夹中（或是打上相应的标签）即可。例如你可以将前文提及的文章收录进你正在准备的心理学论文或相关演示的资料文件夹中，如此一来，便可以在最恰当的时机（不早不晚）获得最相关的材料。

如果你手上一时没有合适的项目，那么还可以通过其他多种途径安置相关信息，例如涉及某些生活“领域”的专用素材库，或是类似个人图书馆的参考“资源”等。随着时间推移，在你完成各种项目、掌握新的技能以及向目标不断迈进的过程中，一些笔记和资源会变得不再有用。对此，我还将向你介绍如何将此类信息妥善“存档”，以实现既及时清理冗余信息，又可以在今后需要时便于调用。

上述四大类别——“项目”“领域”“资源”以及“存档”，构成了PARA系统的四大组成部分。后文将一一展开。

有了PARA系统，你将彻底告别以往那种费时费力的信息组织方式，只须聚焦于真正的重点所在：你所追求的目标。

信息组织过程中一个最容易踏入的误区就是过于追求完美，并将组织过程本身视为目的。建立秩序的行为本身会带来自我满足感，许多人因此裹足不前，而没有将知识继续发扬和分享出去。对于这种重积累、轻利用的倾向，我们需要尤为警惕。

如果我们为每一条信息都单独制定全新的组织方案，那么势必引发大量的冲突和脱节。而PARA系统则是普遍适用的，不会受到软件、平台以及笔记工具的限制。PARA系统可以帮助你在数字世界中实现系统应用、信息分类和管理原则的统一。

在各种项目推进的过程中，你通常都需要进行跨平台的操作，毕竟没有哪个平台是万能的。因此与其固守着某个应用程序不放，倒不如进一步强化信息组织系统的一致性，如此一来，即使再怎么频繁切换应用程序，我们都能够做到以不变应万变。项目就是项目，不会因为存储载体的不同而发生变化，于是我们便可以在统一思路的前提下，实现信息在笔记应用、电脑文件以及云端存储之间的无缝衔接。

只有围绕“活动”项目打造笔记和文件系统，而非漫无目的地围建一块“信息收容所”，才能够使知识真正为你所用。PARA系统的广阔前景就在于，它可以将信息组织工作从一种艰巨异常而又漫无止境的折磨变成一项直截了当的操作，以便你将更多的时间、精力投入更重要的工作中。

PARA系统的运作机制：让你的思想（和笔记）向行动看齐

在PARA系统中，每一条信息都可以被划入以下四大类别中：[1.]

“项目”：工作或生活中正在从事的短期活动；[2.]

“领域”：致力于长期履行的责任；[3.]

“资源”：具有潜在利用价值的课题或兴趣点；[4.]

“存档”：除上述三项以外的休眠信息。

PROJECT（项目）工作或生活中正在从事的短期活动；

AREA（领域） 致力于长期履行的责任；

RESOURCE（资源）具有潜在利用价值的课题或兴趣点；

ARCHIVE（存档） 除上述三项以外的休眠信息。

 # 项目（Project）：正在从事的活动

“项目”主要包括你目前正在积极追求的短期成果。

项目作为一种理想的现代化工作组织方式，具有两个显著的优点。一是它们都有始有终，经过一段特定周期之后便会宣告完结；二是它们都需要以某种明确的结果宣告终结，例如“定案”“许可”“发动”或“出版”等。

这种以项目为中心的工作方式对于创新和表演艺术等活动具有天然的亲和度。例如艺术家绘画、舞蹈家起舞、音乐家演奏、诗人吟诵等，都是兼具辨识度和独立性的工作。而这种项目中心化的方式也渗透到其他类型的脑力工作领域，并形成一股名为“好莱坞模式”（Hollywood model，得名于电影制片领域）的潮流。

正如《纽约时报》中一篇文章所阐述的，“确定好项目、组建好队伍、通力合作直至完成工作，然后江湖再见……‘好莱坞模式’现正广泛应用于基建工程、应用设计，以及餐饮运营等”。跨团队、跨部门甚至跨公司的合作项目变得越来越普遍，而一旦项目结束，大家又都桥归桥、路归路。

关于项目的具体案例包括：

工作项目：网页设计、会议幻灯片制作、项目计划制定及招聘活动筹划等；

个人项目：西班牙语课程学习、度假攻略、卧室家具选购及本地志愿者项目申请等；

兼职项目：博客文章发布、众筹活动组织、播客麦克风评测及在线课程学习等。

如果你尚未将手头的各项工作分解为明确而具体的项目，那么试着进行项目化改造吧，这将使你的工作效率得到质的飞跃。无论你是个体经营者、大公司职员，抑或介于二者之间，项目化的工作方式都是大势所趋。我们需要对自己所致力的项目了然于胸，才能更好地确定日程安排的轻重缓急、做好进度规划，并从重要性不高的事务中及时抽身。

领域（Area）：长期致力的事项

尽管项目非常重要，但并非所有事情都是项目。例如日常生活中的理财工作便没有明确的结束日期，只要生活还在继续，我们就需要不断思考如何理财。这项工作是没有止境的，即使你中了乐透大奖，还是必须面对理财问题（财越多，越要理）。

在工作和生活中，我们会面临各种各样需要长期致力的事务，例如：“产品开发”“质量控制”或“人力资源”等。这些都是我们的工作职责所在。此外，有时候我们还得额外承担一些正式或非正式的责任。

上述每个具体事项都代表了某一责任领域，它们汇聚在一起，构成了PARA系统的第二个分类。无论个人领域还是专业领域，都离不开必要的信息支持，不过“领域”和“项目”之间存在着明显的区别。

项目	*领域*
减重10磅	健康
出版一本书	写作
储备3个月的资金	理财
创建应用模型	产品设计
设计合同模板	法律

以理财为例，相关的信息包括理财顾问的通话记录、商业发票、月度家用预算等。此外你可能还会遇到一些预判信息，例如财务预测、个人理财软件研究以及反映投资趋势的重要数据等。

对于诸如产品开发等工作领域来说，相关的信息可能包括产品规格、研发成果、客户调查访谈记录、客户满意度评价等。此外，你还可以收集一些值得借鉴的产品照片、制造图纸或调色板等。这一切都取决于你对于该领域的定位和期望。

个人领域的一些实例包括：

相关活动或场所：家庭/公寓、备餐、旅游及车辆等；

相关人物：朋友、孩童、配偶及宠物等；

相关要求或表现：健康、个人成长、友谊及财务状况等。

工作领域的一些实例包括：

相关部门或职能：客户管理、营销、运营及产品开发等；

相关人物或团队：直接下属、经理、董事会及供应商等；

相关要求或表现：职业发展、市场营销、人际关系及人才招聘等。

虽然“领域”相关的工作一眼望不到边，但仍然不能疏于管理。事实上，从以上列表中可以看出，这些领域都与你的健康、幸福、安全和满足感息息相关。

虽然没有具体的目标设定，但每个领域都有需要坚持的标准。比如对于理财来说，标准可能是按时支付账单，并维持家庭的基本需求；对于健康来说，标准可能是每周锻炼一定的次数，并将胆固醇控制在一定水平之下；而对于家庭来说，标准则可能是每个周末的晚上都与家人一起享受天伦之乐。

标准的制定，完全取决于你本人。而为了更好地实现目标，你可以为每道标准的设置创造专门的信息收纳空间，如此便可将来自日常生活中各个领域的设想、反思、主见以及有用的信息妥善存放。

资源（Resource）：具有潜在参考价值的信息

第三类值得保存的信息名为“资源”。所有你感兴趣，但又不属于“项目”或“领域”范畴内的主题，基本上都可以归入此类。

举例而言：

兴趣话题：建筑学、内部设计、英语文学及啤酒酿制等；

研究课题：习惯养成、笔记制作、项目管理及营养学等；

参考信息：度假行程、生活目标、素材图片及产品鉴定书等；

个人爱好：咖啡、经典影片、嘻哈音乐及日本动漫等。

上述所有主题都可以自成一个资源类文件夹。当然你也可以将其视为某种研究或参考资料，用于收录你一直跟踪的潮流趋势、与工作或行业相关的设想、个人爱好和业余兴趣以及其他某些新奇事物等。任何一份与当前项目或领域没有直接关联的笔记都可以保存为“资源”，以备不时之需。

 # 存档（Archive）：完结或搁置的事项

最后是“存档”类信息，它指的是原本属于前述三种分类，但目前处于闲置状态的信息。例如：

完结或取消的项目；

不再介入的领域（例如宣告终结的恋情或不再居住的公寓）；

边缘化的资源（例如舍弃的爱好或取消关注的话题）。

作为PARA系统的重要组成部分，“存档”可以帮助你将某些信息加以“雪藏”，从而既节约工作资源，又可以妥善保管以备日后所需。与房间、车库等物理空间不同，在数字世界中永久保存闲置信息并非坏事，只要你日常的工作重心不受干扰即可。如果你在未来某一时刻突然有了新的需求——接手了一个与历史项目类似的任务——那么便可以在几秒钟内唤醒这些沉睡的信息。

PARA系统的样式：幕后花絮

PARA系统是专为你的数字世界而设计的通用管理系统。它无须为不同的信息载体制定截然不同的管理方案，而是致力于且有能力让自己兼容各种电脑文件系统、云存储、数字笔记应用等。

接下来，我将向你展示PARA系统的具体样式。

以下是我的笔记应用中的PARA系统文件夹范例：

主题
▶1 项目（11）
▶2 领域（36）
▶3 资源（42）
▶4 存档（216）
▶5 收件箱（0）

在每个顶层文件夹的内部，是为具体项目、领域、资源和存档建立的个别文件夹。比如说，以下是项目文件夹内的明细：

主题
▼1 项目（11）
▶2021年纳税（2）
▶《打造第二大脑》（BASB）13（14）
▶《打造第二大脑》新书发布（43）
▶《打造第二大脑》手稿（202）
▶现金结余方案（2）
▶课程指导（4）
▶延展认知文章（5）
▶家庭工作室（27）

而这些子文件夹内保存的则是记录具体思想内容的笔记。一般来说，人们可以在同一时间内参与的项目数量为5个到15个不等。请注意，每个子文件夹

内的具体笔记数量是会大幅变化的，比如关于本书的笔记数量最少时仅有两份，最多时则高达200多份。

以下是某个典型的中等规模项目（将车库改造为家庭工作室，详见后文）的文件夹中的具体笔记：

左侧窗格显示，这一文件夹下共有27份笔记。点击其中的任意一条笔记，例如顶部区域显示的“车库改造图片参考”，其中的具体内容便会在右侧窗格呈现出来。

这就是PARA系统——仅仅三个层级的文件体系便将我多年以来积累的数千份笔记悉数囊括：位于顶层的PARA系统类别、子文件夹——“项目”以及最底层的具体笔记内容。

以下是我的某些“领域”类文件夹样式：

主题
▼2 领域（36）
▶凯奥（Caio）（8）
▶汽车（5）
▶服饰（2）
▶烹饪（69）
▶理财（19）
▶福特实验室：管理（12）
▶福特实验室：《打造第二大脑》内容（190）
▶福特实验室：《打造第二大脑》市场推广（45）
▶福特实验室：贝瑟妮（Betheny）（20）
▶福特实验室：检视清单/模板（12）
▶福特实验室：客户（32）

每个文件夹内都保存了与上述生活领域密切相关的具体笔记。其中，业务领域统一以“福特实验室”的前缀命名，如此一来，便可保证它们在按字母排序时被集中在一起。以下是“健康”领域的部分笔记：

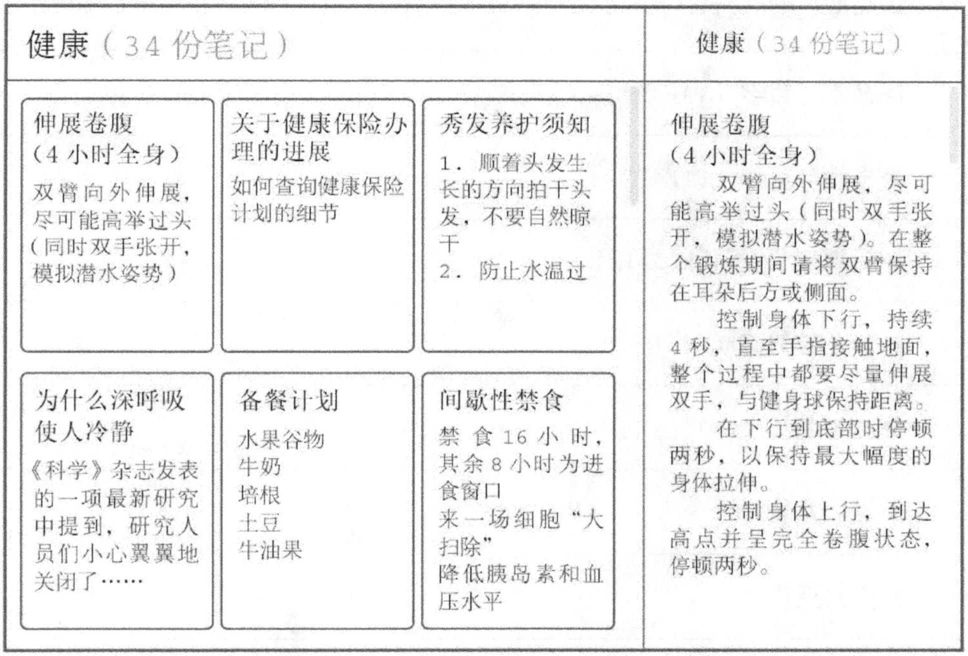

我在“资源”分类下存放了各种感兴趣的主题。鉴于这些信息尚未匹配到合适的应用场景，我会尽量避免它们对当前项目产生干扰，同时确保日后一旦需要时可以有备无患。

主题
▼3 资源（42）
▶年度总结（21）
▶艺术与哲学（39）
▶书籍与写作（14）
▶品牌形象/标识（31）
▶商业与战略（146）
▶商务名片（70）
▶圣诞礼物（3）
▶气候变化（1）
▶课程营销（22）
▶文化与创新（80）
▶设计（245）

“存档”分类中包含了从其他三个分类中“退居二线”的信息。对于这些信息，既要加以彻底清理，又要长期妥善保管，以备不时之需。

主题
▼4 存档（216）
▶访问斯坦福大学（21）
▶广告营销（1）
▶网络研讨会（10）
▶亚马逊协会（2）
▶“反对书本”俱乐部 第三版（3）
▶公寓查寻（1）
▶亚美亚（Avaya）（3）
▶霸菱（Barings）（3）
▶《打造第二大脑》12（6）
▶自行车失窃索赔（5）
▶黑色星期五（5）

PARA系统适用于任何信息存储载体。这意味着你可以在不同的内容载体上沿用同样的分类规则。举例来说，以下是我电脑中的“我的文档”文件夹：

◉ 我的文档
名称
▶□1 项目
▶□2 领域
▶□3 资源
▶□4 存档

以下则是“项目”文件夹明细：

◉ 1 项目
名称
▶☐ 2021年纳税
▶☐《打造第二大脑》（BASB）13
▶☐《打造第二大脑》新书发布
▶☐《打造第二大脑》手稿
▶☐ 现金结余方案
▶☐ 课程指导
▶☐ 延展认知文章
▶☐ 家庭工作室
▶☐ 重点2
▶☐ 新网站
▶☐ 2022年冬季休养

上述文件夹内存放着每个具体项目的相关材料。其中，关于本书手稿的项目文件夹明细如下：

◉《打造第二大脑》手稿
名称
▶☐ 附加章
▶☐ 出版申请
▶☐ 协议
▶☐ 幻灯片和图片
▶☐ 相关资产
▶☐ 思维导图
▶☐ 手稿版本
▶☐ 相关研究
▶☐ 书评团队

缘归何处——如何确定个人笔记的存放位置

建立文件夹并不难。相比之下，几乎令每位信息管理者望而生畏的是：“如何让纷繁芜杂的信息各归其位呢？”

五花八门的应用程序使得信息抓取工作变得异常便捷——只须鼠标或手指轻轻一点。然而我们对于接下来的步骤却知之甚少。一份记录完毕的笔记应当如何存放？一份从外部导入的文件又当如何存放？随着各种材料日益堆积，这一问题的紧迫性也愈发凸显。

对于新手来说，一个常见的误区是试图在记录笔记的同时确定其存放的位置以及存在的意义。这种做法的问题在于，抓取信息的第一时间往往不是确定其性质的最佳时机。首先，你初次接触到这一信息，还没有足够的时间考虑其最终用途；更重要的是，在记录笔记的同时还要迅速确定其性质，这无疑会给信息抓取过程增加大量工作负担和心理压力，从而大大降低当事人抓取信息的积极性。

这就是为什么必须将信息的抓取和组织分为两个独立的步骤，请注意，“走心记录”是一项从信息取舍到长期存储的独立决策。大多数的笔记应用都设置了“收件箱”或“每日一记”项目帮助你将抓取的信息暂存，以便后续再行分类。你可以将其视为一块中转区域，各路信息将在此稍做停留，等待你将其悉心传送至第二大脑。将信息的抓取和组织进行明确分隔有助于让你保持专注，聚精会神捕捉各种感动，而将如何组织信息的问题留待其他时间（例如“每周小结”，详见第九章）。

当你抓取的信息已经累积到一定量级，开始考虑如何对其善加组织时，PARA系统便可以闪亮登场了。以行动为导向的四大分类能够尽可能地简化信息存放工作：

“项目”对行动力的要求最高，因为它们是你正在执行的事项，而且具备明确的期限；

“领域”的时间跨度更大，因此对于行动力的要求没那么紧迫；

“资源”的活力因场景而异；

“存档”会长期保持休眠状态，直到被再次激活。

根据上述排序，我们可以得出一份判断笔记如何归类的速查表，自上至下依次为：1.

该笔记对于哪个项目最有帮助？2.

若无：该笔记对于哪个领域最有帮助？3.

若无：该笔记属于哪种资源？4.

若无：请将其归入存档。

换言之，你应当试着从实用性和时效性两个维度出发，考虑笔记或文件的存放位置。将笔记存放于“项目”文件夹是为了迅速投入使用；存放于“领域”文件夹是为了帮助思考工作或生活；存放于“资源”文件夹是为了有朝一日深入探究某一主题；而存放于“存档”文件夹则是为了暂时忽略它的存在，却又能够随时招之即来。

日益繁忙的工作，很容易导致我们在某些项目或目标上半途而废。个人项目也好，长期目标也好，看上去都如此灵活，仿佛可以无限推延。这就导致我们费尽心机搜罗到的各种笔记、书签、收藏以及研究在文件系统中的位置越来越边缘化，直至有一天被彻底遗忘。

以行动为导向的信息组织方式可以有效对冲人们的拖延倾向。PARA系统可以将遥远的目标转化为“此时、此地”，它让我们意识到，手头拥有大量的信息已经足以支撑我们开展行动。信息组织的目的在于更好地推进目标，而非造就某个“笔记学博士”。实践是知识的最佳归宿。这就意味着，知识必须有利于推进项目，否则便是有害无益的。

像管理厨房一样组织信息——我要做什么？

PARA系统的运作方式与厨房有一定的相似之处。

厨房里的所有物品都旨在有效促成某一结果——一顿丰盛的佳肴。“存档”文件夹就像冰柜——将食材冷冻以备日后所需；“资源”就像食品柜——待在不碍事的地方，做菜时又随时可用；“领域”就像冰箱——存放近期计划使用或是需要频繁查找的食材；“项目”则像炉子上的各类锅具——烹饪进行时。每种食材的存放方式取决于其与目标菜肴的关联程度。

试想一下，如果换作根据食材种类管理厨房：将新鲜水果、干果、果汁、冷冻水果存放在一起，仅仅因为它们恰好都是水果类——有够离谱不是么？然而这恰恰正是大多数人组织文件和笔记的方式——将所有的读书笔记保存在一起，仅仅因为它们都来自书本；将所有的引文保存在一起，仅仅因为它们都是引文。

相比基于“信息来源”的组织方式，我更加推荐以“信息归宿”为标尺——更确切地说，就是以该信息可能促成的结果为导向。知识的价值并不体现在它的组织和分类形式上，而是体现在它是否能对与你相关的人或事产生影响。

从这个意义上来说，PARA系统并非一个文件系统，而是一个生产系统。它无意为笔记或文件寻找到“完美的存放位置”，事实上，那样的位置也不存在。整套系统会随着人们日常生活的瞬息万变而同步调整和改变。

PARA系统背后蕴含的挑战性理念，足以令许多人抓破脑袋。我们总是习惯于拥有一套精心组织的、一成不变的管理系统，希望建立起一套严密的规则，像图书管理的书目编号一样，精确指引着每个项目应当何去何从。

然而在个人知识领域，却并不存在这样的指定位置。我们只能以行动为导向组织信息，而“行动力”的大小也在时刻发生变化。有时候，一条短信或是一封电邮往往就会让整个情势急转直下。鉴于我们处事的轻重缓急可能随时发生变化，我们必须尽可能地缩减归档、分类、标注和维护数字笔记的时间，以免苦心经营最终却白忙一场。

任何一则信息（无论是文本文档、图片、笔记或是整个文件夹）都可以且应当在不同的分类之间灵活游走。你在参加培训时，可能会将某条有关培训技巧的笔记保存在一个名为“培训课程”的项目文件夹中；不久后，当你成为部门经理，需要培训下属时，可能会将上述笔记转移到名为“下属”的领域文件夹中；如果有朝一日你从公司离职，却仍然对培训工作饶有兴趣，那么可能会将这条笔记移至资源文件夹；而当你完全不再热衷培训事业时，这条笔记随之流转到了存档文件夹；后来的后来，你又决定开启一份商务培训的兼职工作，这条笔记便再度回归到项目文件夹，重新焕发活力。

无论是单篇笔记还是一整套笔记，它们的用途都会随着你的需求和目标的变化而变化。生活会随着季节的变迁而产生波动，你的笔记也应顺势而变，从你丰富的人生经历中迸发出各种思想的火花。

历史项目是你第二大脑的活力之源

如果你对于某种内容的用途了然于胸，那么相关的信息抓取工作便会显得异常简单高效。PARA系统不仅仅是新建一大堆文件夹，然后塞入各种信息，它其实是在解读你的工作和生活结构——你正致力于什么，你希望改变什么以及你想要奔赴何方？

话说我可是吃了很大的苦头才获得了上述领悟。那时我还在念大学，课余时间我在圣迭戈的一家苹果零售店里找了份兼职。那家店是当时全球最为繁忙的五家苹果门店之一，每天都有成千上万的顾客纷至沓来。我也是在那里第一次尝试指导他人如何更有效率地使用电脑的。

我每天早上都会为一小群首次购买苹果电脑（Mac）的新用户开设指导课程，并提供一对一的咨询。那些年正值苹果公司的创作应用“数字化生活方式”（iLife）套件盛极一时：每台苹果电脑都预置了一套对用户十分友好的创作应用，涵盖了网页制作、音乐录制、相册打印以及视频编辑等，使用户无须承担额外成本便可享受到一个指尖上的多媒体工作室。

我的职责是回答客户关于新购电脑的各种问题。这些客户大多是刚刚将他们存储在视窗系统（Windows）中的文件迁移到了苹果电脑中，经年累月积累下来的海量文件就这么杂乱无章地散落在新电脑的桌面和文档文件夹中。

起初，我试图通过每次整理一个文档的方式予以指导，不过这种做法很快便宣告失败。因为一对一的咨询时间只有区区一个小时，对于客户电脑内几百乃至几千份文档来说，简直就是杯水车薪。这种方式同样也缺乏实效，因为有很多老旧的文档与客户当前的目标或兴趣无甚关联。

鉴于此，我意识到，需要在方式方法上进行调整。于是我开始向客户询问和听取意见，结果发现，他们需要的并不是一台整理得井井有条的电脑，他们花费大量的时间和精力购置苹果电脑，只是为了创作或实现某个目标。

例如，他们可能会想为父母的结婚纪念派对制作一段视频、为他们的蛋糕店开设一个网站，或是为他们的乐队歌曲录制一张宣传唱片等。他们有的爱好研究族谱，有的在为毕业冲刺，还有的则正忙于寻找工作。如果不能够帮助他们实现既定目标，那么我做任何事情都不过是在添乱。

于是我决定别出心裁：将他们电脑中转存过来的所有文件都放置在一个以“存档”字样加上日期命名的文件夹中（例如“存档2021年2月5日”）。客户们起初因害怕弄丢文件而显得有些担心和犹豫，不过很快他们便发现，查找历史文件并非难事，于是他们的脸上便再次浮现出希望和向往的神情。

人们总会在遥遥无期地等待所谓最佳时机的过程中渐渐消耗掉自己的创作热情。因此我必须帮助他们将这种迷思彻底抛诸脑后，切切实实地活在当下，如此方能激发出强烈的目标感和奋斗欲。

有一段时间，我总是觉得这种做法是在自讨苦吃，我猜那些客户最后还是会回来让我帮他们整理历史文件的吧？事实上，我也的确看到许多熟悉的面孔频繁出现在店里——令我忐忑不安，生怕有谁会气势汹汹地冲到我面前，指责我弄丢了他所有的历史文件。

然而，并没有人这样做。

那些老客户并不是回来要求我重新帮助他们整理旧文件，而是热情地和我分享他们的创作给他们的家庭、事业、学业、职业等带来了怎样的影响。有位客户为一个罹患白血病的朋友组织了一场募捐活动；另一位客户成功申请到一笔小微贷款并开办了一间舞蹈工作室；还有位学生告诉我，身为她所在家族的第一位大学毕业生，她的成功秘诀就在于懂得如何将数字世界为己所用。相比之下，整理电脑或记录笔记等琐细之事则显得如此微不足道，而他们的创作活动给自己和他人带来的影响才是最重要的。

上述经历让我领悟出几条道理。

首先，需要为创作活动营造清爽的工作空间。历史文件的无序堆积将会大大降低人们的思考和行动效率。这就是为什么归档环节如此重要：将暂时不需要的某些文件从视线和脑海中移除，妥帖地存在随时可供调阅的地方。

其次，创作活动本身才是重中之重。无论是精心制作的演示片成功发布、细心编辑的视频成功导出，还是用心撰写的简历成功打印，都会让当事人的眼中燃起火光。他们会带着满满的信心迈出店门、迈向成功。

最后，已完成的创作项目乃是第二大脑的有机血液。它们为整个系统提供养分、生机以及行动基础。一个成功的笔记系统并不在于多么井然有序、赏心悦目或是令人惊艳，而在于它能够帮助使用者在追逐目标的征途上稳扎稳打、步步为赢，不断增强自己的决心、动力和成就感。成功不分大小，即使是最不起眼的创新突破，都有可能为你打开一扇通往更加有趣、更富创意的未来新世界的大门。

课后思考：雷厉风行和举重若轻

我的一位导师曾经传授给我一条十分有用的建议：既要雷厉风行，又要举重若轻。

她指出，我的工作方式相当粗暴：在办公室里通宵达旦，试图榨干每一分钟的效能，一口气拿下堆积如山的任务，玩命般工作。这并非成功之道，而是精神内耗。这种做法非但让我时时感到身心俱疲，而且实际功效也大打折扣。我对于目标设置和战略制定一片懵懂，更不知道该如何以最小的投入实现既定目标。

对此，我的导师建议道："既要雷厉风行，又要举重若轻。"也即以最迅捷的速度、最顺畅的途径解决问题。现在，我也想将这条建议分享给各位读者：不要让"如何组织'第二大脑'"的问题成为压倒自己的另一个重负。请试着问问自己："如何能够找出一条通往正确目标的捷径？"

这一思路运用到PARA系统上，就是为每个进行中的项目建立通用的笔记文件夹，并将所有相关的内容归集进来。当你为某类信息找到了容纳空间，那么你便会有动力搜集更多。你可以首先询问自己："手头上有哪些正在进行的项目？"然后为每个项目建立一个新文件夹。以下若干问题可以帮助你更好地展开相关思考：

关注你的想法：有没有哪些事务是你为之操心，却未将其作为项目对待的？当你的执行进度受阻时，应当采取哪些措施？

关注你的日程：有没有哪些事务是业已启动，需要持续跟进的？对此应当如何从长计议呢？

关注你的任务清单：目前正在开展的行动中，有没有哪些是与某个更大的项目相关联，而你尚未意识到的？你正在策划的沟通活动或后续行动中，又有没有哪些是与某个更大的项目相关联的呢？

关注你的电脑桌面、下载文件夹、文档文件夹、书签、电子邮件或是浏览器的标签页：你所保存的信息中，有没有哪些是与某个更大的项目相关联的呢？

以下是我的学员们提供的项目范例：

找到愿意接受医保的新医生；

策划年度团队进修营的目标和日程；

制订日常食品供应清单，并负责定期交货；

制订下一季度的内容营销策略；

对新的报销政策草案进行审查并提供反馈；

与研究伙伴分享合作理念；

研究并起草有关健康权益的文章；

完成关于新概念作文的在线课程。

当然，你还可以如法炮制各种“领域”和“资源”类文件夹。不过我建议你先从项目文件夹开始上手，以免范围过大导致生成一大堆的空文档。文件夹建立后，随时可以往其中填充更多内容。尽管PARA系统可以且应当在各种信息存储平台间通用，不过我还是建议你从最基础的笔记应用开始入手——顺带一提的是，除了笔记应用以外，使用率最高的三个信息管理平台分别为电脑中的“文档”文件夹、以“多宝箱”（Dropbox）为代表的云存储器，以及以“谷歌文档”（Google Docs）为代表的在线协作套件。

请多加练习从抓取信息，到分类存放，再到在不同文件夹之间切换的整个过程。每当你完成某个项目时，可以将该项目文件夹整体搬迁至“存档”中；每当你新建某个项目时，再在“存档”中检视一下是否存在可以重新利用的内容。

当你创建各类文件夹并将笔记归入其中时，不用过多考虑如何对历史笔记进行重新组织或清理。花费大量时间处理前途未卜的过时内容是极不划算的。为了营造一个清爽的初始环境，请直接将你的历史笔记归入“存档”中妥存即可。一旦今后需要，亦可通过搜索功能迅速调取，一如初见。

总之，你的目标是将数字办公环境打理干净，并将与当前项目相关的所有信息归集在一起。如此一来，你便可以带着充沛的信心和明确的目标展开各种创作活动，而非面对着堆积如山的信息手足无措。

请始终谨记，所有的分类文件夹都不是一成不变的。PARA系统并非一个静态系统，而是动态的、持续发生变化的。你的第二大脑会随着项目和目标的更迭而不断蜕变，这就意味着你永远无须担心它不够完美或是完善。

在下一章中，我们将要学习如何对积累的知识进行萃取提炼，以便更为有效地加以利用。

第六章

提炼：萃取本质

为学日益，为道日损。

——老子，中国古代哲学家

1969年，派拉蒙影业（Paramount Pictures）的制片人正忙于为一部刚获得版权的、讲述纽约黑帮生活的犯罪影片寻找合适的导演。

一时间，各路顶级导演纷至沓来，但却没有一位愿意接手。他们都觉得黑帮电影太过老套和花里胡哨，与自己的执导风格大相径庭，更何况最近这一题材的作品中刚出了几部烂片。

在错过了几乎所有的最佳人选后，制片人与一位年纪轻轻的独立电影人展开了接触。这位年轻导演显然比较稚嫩，没有商业大片执导经历，甚至都不在电影之都好莱坞工作，而是供职于旧金山，简直就是个业界的边缘人物。相较于商业片大导演来说，他更像是一位乐于不断尝新的艺术家。

所以，你知道么，那位菜鸟导演的名字叫作弗朗西斯·福特·科波拉，而他当时接手的电影，没错，就是被誉为男人圣经、黑帮史诗的《教父》。

其实科波拉起初也不想接手这部电影。根据《好莱坞报道者》（*The Hollywood Reporter*）的记载，科波拉曾表示："这部影片的铜臭味和色情程度令我感到难堪。"然而，他的搭档兼门生乔治·卢卡斯（后因《星球大战》而成名）却提醒道，他俩已经濒临破产，如果没有大金主出手相助的话，那就离流落街头不远了。

日趋严峻的经济压力，加上重读剧本后获得的一些灵感，最终让科波拉回心转意。他突然意识到："可以通过讲述一个黑帮老大与三个儿子的故事，影射当时的美国资本主义社会。"

《教父》一直以来都被视为电影史上一部艺术性和商业性俱佳的神作。2007年，在美国电影学会评选的“百年百佳影片”中，《教父》名列前三。该片最终收获了2.45亿美元票房，摘得三项奥斯卡奖，并催生了一系列续集及衍生作品。影片虚构的科里昂家族的故事，令无数粉丝为之痴迷和疯狂。

对于这样一部结构复杂、层次饱满的电影，科波拉的执导思想源自他在霍夫斯特拉大学学习戏剧时掌握的一项技巧，也即所谓的“提词本”。他从第一次阅读《教父》原著时，便用笔记本记录下令他深受震撼的桥段——这与前文提到的特怀拉·萨普的“文件盒”有着异曲同工之妙。不过他的提词本远不止存储功能：它是对信息资源进行审视、改良和创新的落脚点和出发点。

科波拉的提词本是一本三环活页夹，便于将原著中的相关页面剪切并粘贴上去。本子的设计经久耐用，配有加强型索环以确保页面即使在多次弯折后也不会裂损。本子上还写满了各种注释和提示，以备剧本规划和电影制作设计之用。

在2001年上映的一部名为《弗朗西斯·科波拉的笔记本》的纪录短片中，科波拉阐述了他的创作过程。他首先对整部原著进行一番通读，并记录下所有印象深刻的内容：“我认为将阅读原著收获的第一印象记录下来非常重要，因为这些都是你对于整个价值体系的直观判断。”

接着，科波拉开始在笔记本上添加自己的解读，对整个故事进行提炼，并重构出一个自创的版本。他采用以下五个关键维度对所有电影场景进行逐一分解：场景大纲（或摘要）、历史语境、“观感”格调、核心主旨以及需要避免的误区。用他自己的话来说，“我努力将每个场景的精髓提炼成为一句话，言简意赅地表达该场景的要义所在”。

科波拉称他的活页夹为“一本层次丰富的执导教程……让我可以经常对马里奥·普佐（《教父》小说作者）的原著和我本人的第一手解读进行比较……以便去粗取精、辨伪去妄”。科波拉在提词本边缘上所做的注释包括“希区柯克”（借鉴惊悚片大师的运镜方式）和“冻结时间”（注意放慢节奏）等。他通过五花八门的注释提醒未来的自己哪些场景是至关重要的：“我一边阅读原著一边在空白处写下笔记。随着我的运笔越发频繁、下划线和波浪线越发绵延，剧情的发展也渐入佳境。因此，单从纸张的笔墨耗费量上便可对某个场景的重要程度略窥一斑。”

《教父》的提词本完美诠释了一位成功的创作大师所拥有的深厚功底。科波拉将提词本视为这一经典影片创作过程中最为重要的知识资产：“剧本反倒显得有些多余，我不需要剧本，提词本就是我的剧本。”

或许有人会认为，电影纯粹就是编剧或导演脑洞大开的产物。而实际上，这一过程重度依赖于对素材的收集和提炼。科波拉的传奇故事告诉我们，人们可以从阅读和研究中有计划、系统性地收集可用素材，从而让最终的作品更加饱满、精彩以及震撼。

如果连大导演弗朗西斯·福特·科波拉都如此依赖于一板一眼的笔记流程，那么我们同样可以加以效仿。我们同样可以利用自有笔记对素材库中的某段故事、某项研究、某个案例、某条比喻的本质进行深度挖掘，这就是“信管法则”的第三步骤——提炼。这一步骤标志着我们开始将经过抓取和组织的素材转化为带有个性标签的信息。一切都源于笔记、高于笔记。

“量子笔记”：如何让你的笔记更具前瞻性

在阅读了前文有关如何通过内部和外部两个渠道抓取和记录信息的内容以后，你是否也已经开始尝试从“可行性”和“相关性”两个维度出发组织项目信息了呢？

那么接下来呢？

现在我们来到了一个令许多孜孜不倦的记录者都望而却步的阶段，因为他们根本不知道下一步应该如何办。他们收集了许多有趣的知识，然而却没有取得相应的成果。毕竟笔记是要拿来用的，而不是当作收藏的。

运用第二大脑抓取笔记的时间往往十分有限，可能数秒钟后你就将面临一场冗长的会议、一桩紧急的任务，或是一阵孩子的哭闹，这种情况下根本来不及对信息的内涵和用途做出全面判断。因此初次抓取的信息更像是一堆粗糙混杂的原石，只有加以进一步精心打磨，才能够蜕变为具有价值的知识资产，这一过程好似对某种化合物进行提纯。这就是为什么我们需要将信息的抓取和组织分割为两个独立的步骤：首先将信息快速存储，然后再加工提炼。

从这个意义上来说，记录笔记的过程就像是一场时光旅行，你正在向未来的自己传递信息。你可能接触过大量兼具知识性与趣味性的书籍、文章、视频以及网络帖子，不过细想一下，你现学现用的概率有多大？相比之下，你的正常生活被各种工作危机、紧急会议或是大病小灾所干扰的概率又有多大呢？根据我的经验，生活总是会不失时机地给我们的计划添乱，我们追求目标的步伐越是坚决笃定，生活阻挠我们的手段就越是歇斯底里。

比如你正在收看一部关于房屋装修的视频，而从中了解的知识可能得等几个月后正式搬家时才能予以借鉴；你正在阅读一篇关于时间管理的文章，而从中习得的技巧可能得等你的孩子呱呱坠地时才能派上用场；你正在与潜在客户讨论当前的目标与挑战，而从中获取的信息可能得等下一年度开启新一轮大宗采购时才能发挥价值。

上述情况是非常普遍的现象。总有一些至关重要的信息，能够第一时间吸引我们的注意，让我们如获至宝、如饮甘霖。它们是如此具有震撼性和颠覆性，令人印象深刻。然而，只消数周、数日，甚至几个小时过后，它们便渐渐淡出了我们的记忆。很快，这些一度令我们热血澎湃的创意，便如同变灰了的播放列表一般，成为永远的历史。如果想要成为一名合格的记录者，你的任务便是设法让这些曾令人激赏的信息经受住时间的严苛考验。只有这样，才能让这些宝贵的知识历久弥新。

可见性——易受忽视的独门秘诀

“可见性”是指信息的内涵与用途的易见度。它是一个能够帮助笔记信息穿越时空的关键因素。

“可见性”是援引自信息科学领域的一个概念，其定义为“目标内容在某个文档、数据库或其他文件系统中的易搜寻度”。图书管理员眼中的可见性，即各类书籍的上架方式；网页设计师眼中的可见性，即网站菜单的布局方式；而各路社交媒体则更是挖空心思，恨不能将平台上的所有主打信息一股脑儿喂到用户的嘴边。

“可见性”是笔记记录过程中易被忽视的基本环节。成堆成堆地保存信息并非难事，而真正的挑战在于如何将海量内容转化成便于日后查询的形式。为了提升笔记内容的可见性，我们可以借鉴学生时期的一个非常简单的习惯——画重点。标记重点是一项易学易懂、成本极低且普遍适用的技巧。

请将未来的自己设想成一位极度挑剔、忙碌而又缺乏耐心的客户，“他”根本没有时间从浩瀚的文字海洋中仔细翻找一颗颗遗珠，而你的任务则是向其兜售自己的笔记并尽可能卖出好价钱。或许你只有在某次会议开始前的几分钟内，才有机会向“他”推销这些笔记。从这个意义上来说，每条笔记都是你为未来所准备的一份期货，如果无法取悦未来的自己——无法让“他”产生兴趣——那么你眼下花费的所有心血就要付诸东流了。

上述情况反映出许多人在记录笔记时面临的一番窘境：笔记越翔实、体量越大，那么重温这些内容所需的时间和精力就越多，于是便越发抽不出足够的时间。换言之，笔记的体量与可见性之间呈一种反比关系！在意识到这一点以后，人们要么选择从一开始便对记录笔记持消极态度，要么选择当笔记达到一定体量后便切换至别的平台。无论哪种选择，都会使人们难以享受到知识的日积月累所带来的长期收益。

试想一下，你在面对一位忙到起飞、耐心极差，却又无比重要的人物时，应当如何表现呢？你一定会将一大堆信息提炼成关键要点和行动步骤。例如给老板写信时，你绝不会将自己的核心诉求埋藏在一堆长篇大论的末尾部分，而会在邮件的第一段就开宗明义；向公司的管理层做演示时，你绝不会喋喋不休地持续几个小时，而会舍弃所有不必要的细枝末节，直奔主题。

提炼是实现有效沟通的核心奥义。你越希望吸引和打动听众，就越需要做到言简意赅。至于那些细节和微妙之处，且待听众们的注意力被你牢牢俘获以后再行展开吧。

未来的你，是否也会变成一位举足轻重的“大人物”呢？届时，你又该如何与“他”进行简洁而又高效的沟通呢？

画重点的进阶方法：渐进式归纳法

“渐进式归纳法”是我大力提倡的一套笔记提炼技巧。它可以将经过“抓取”和“组织”的原始笔记轻松提炼为对当前项目有所助益的信息。

“渐进式归纳法”将会用到一个让我们感到无比亲切熟悉的工具（或者说习惯）——画重点——而在这一体系中，“画重点”的效能和意义不再局限于辅助学习，而是更为深远。

这种技巧说来也简单：先将某条笔记的要点标记出来，然后再标记出要点的要点，以此类推，便能层层提炼出笔记的精华所在。由于每一层级的提炼都会采用不同的格式，所以很容易加以区分。

我喜欢将第一层级视为“土壤”——从外部或内部渠道（文字、手绘、图像，或音频）获得并收录于笔记中的原始信息，它们构成了创新思想的基石；第二层级是“原油”，指黑色加粗的文本，与钻井打出的石油有着异曲同工之妙；第三层级是“黄金”，在很多笔记应用中，黄色高亮的内容往往是更有价值的信息；第四层级是“宝石”，最为稀有和耀眼，是与个人思想融为一体的行动指南。

以下是四层级“渐进式归纳法”的简要示意图：

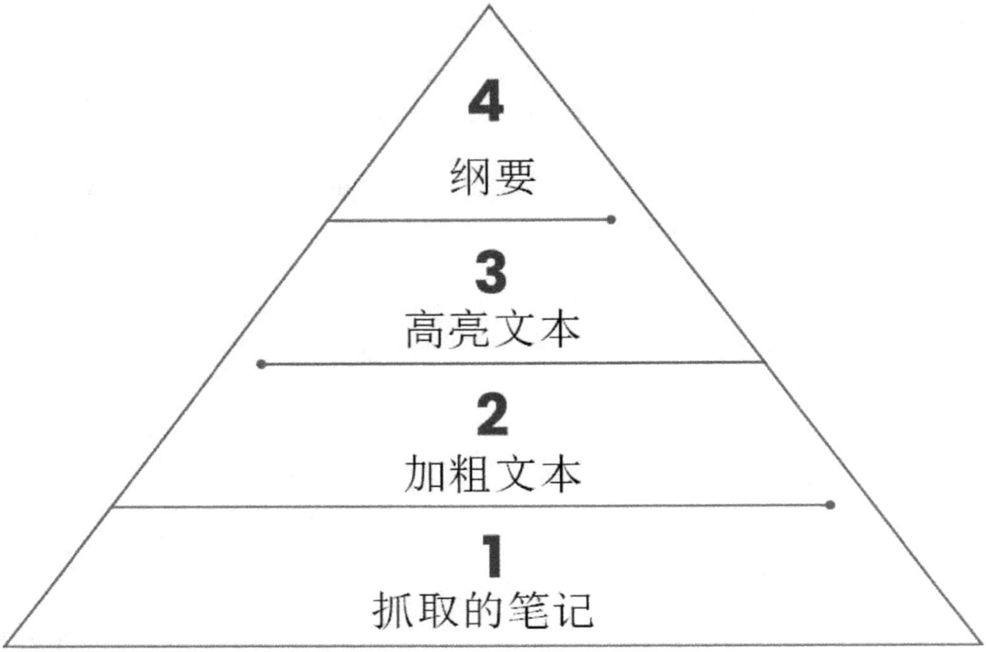

以下是我从《今日心理学》（*Psychology Today*）杂志中抓取的笔记范例。我在社交媒体上偶然发现了这一链接，并将其保存在“延时阅读”应用（用于收藏感兴趣的文字、视频或音频）中。过了几天，当我想要看些休闲文章放松一下时，我选择了这篇文章，并将其中有趣的部分做了重点标记。由于我的“延时阅读”应用和数字笔记应用是同步的，所以经过高亮处理的内容便被自动转存到笔记中，并附带了原文链接。

大脑是如何让时间停滞的？

大脑是如何让时间停滞的？

高强度的恐惧感可能会引发一种名为“时间膨胀”的诡异副作用，也即时间的流逝明显放缓……经历过生死关头的幸存者们常常会反映时间周期变长、物体坠落速度变慢，而他们自己却能在瞬间完成各种复杂的思考。

在一次实验中，斯坦福大学神经学家伊格曼邀请一些敢于冒险的参与者从高处坠下，在此期间利用手中的秒表记录下坠落时间，并与自己估计的耗时做对比。结果发现，参与者们感受到的时间流逝比客观数据长36%。这便是“时间膨胀”在起作用。

上述现象表明，恐惧并不会提升我们的认知速度或思考能力，而是为我们的相关记忆赋予了更多细节。由于人们对于时间的感知很大程度上基于记忆容量，因此饱含细节的恐惧经历便会让时间的流逝显得更加缓慢。

原文链接

英国哲学家约翰·洛克在其所著的《札记本新解》（A New Method of Making Common-Place-Books）一书中提出：“我们只需提取那些与决策相关或是足够精彩的内容，要么用于解决实际问题，要么用于学习优雅的表达方式。除此之外一概无视。”

以上就是我所说的“第一层级”提炼——抓取并收录于笔记中的原始文字。请注意，我并没有将整篇文章保存下来，而仅仅截取了一些关键内容。在这一层级中只保留“最好、最重要、最相关”的文字，以为后续的组织、提炼、表达等步骤提供便利。如果想要了解文章的全貌，只须点击文末的链接，即可直达原文。

可以看出，上述范例妙趣有余而简洁不足，在兵荒马乱的工作日里，根本没有时间从浩如烟海的文本中定位到关键要点。除非我们事先将重要的内容以易于辨识的形式加以标记，否则很可能会让未来的自己对此不屑一顾。

为了强化上述笔记的可见性，我需要添加第二个提炼层级。通常我会在诸如公休、夜晚或周末等空闲时间执行这一步骤，在开展其他项目的间隙，或是各种碎片时间里见缝插针。具体做法就是将笔记的主要内容作黑色加粗处理，包括提纲挈领的关键词、介绍写作背景的备注以及让我产生强烈共鸣的金句（即使似懂非懂）等。以下是经过加粗处理的同一份笔记。可以看出，只要抓住黑色加粗的部分，便可以轻松掌握整段文本的核心要义。

在第二层级中，笔记的可见性已经有了质的提升。本来需要花5~10分钟的时间通读原文，现在只须花几十秒钟浏览一下标粗的重点即可。二者孰优孰劣，读者可以自行比较。

大脑是如何让时间停滞的？

大脑是如何让时间停滞的？

高强度的恐惧感可能会引发一种名为“时间膨胀”的诡异副作用，也即时间的流逝明显放缓……经历过生死关头的幸存者们常常会反映时间周期变长、物体坠落速度变慢，而他们自己却**能在瞬间完成各种复杂的思考**。

在一次实验中，斯坦福大学神经学家伊格曼**邀请一些敢于冒险的参与者从高处坠下**，在此期间利用手中的秒表记录下坠落时间，并与自己估计的耗时做对比。结果发现，**参与者们感受到的时间流逝比客观数据长36%。这便是“时间膨胀”在起作用**。

上述现象表明，恐惧并不会提升我们的认知速度或思考能力，**而是为我们的相关记忆赋予了更多细节**。由于人们对于时间的感知很大程度上基于记忆容量，因此**饱含细节的恐惧经历便会让时间的流逝显得更加缓慢**。

原文链接

这还没完！对于一些篇幅过长，尤为有趣和有价值的笔记，我们有必要再为其添加第三层级的重点标识。我推荐使用大多数笔记应用中的“突出显示”功能，它可以将选定的段落加以黄色高亮处理，就像我们在学生时期经常使用的荧光记号笔一样（由于书页单色印刷的原因，反映在本案例中则以浅黑色呈现）。如果你的笔记应用不具备“突出显示”功能，你也可以使用下划线或其他方式加以替代。请聚焦于黑色加粗（也即第二层级）的内容，并将其中最为新奇有趣的要点标亮。如此一来，便能够将整篇文章的内容浓缩为一两句精练的梗概。

大脑是如何让时间停滞的？

大脑是如何让时间停滞的？

高强度的恐惧感可能会引发一种名为“时间膨胀”的诡异副作用，也即时间的流逝明显放缓……经历过生死关头的幸存者们常常会反映时间周期变长、物体坠落速度变慢，而他们自己却**能在瞬间完成各种复杂的思考**。

在一次实验中，斯坦福大学神经学家伊格曼**邀请一些敢于冒险的参与者从高处坠下**，在此期间利用手中的秒表记录下坠落时间，并与自己估计的耗时做对比。结果发现，**参与者们感受到的时间流逝比客观数据长36%。这便是“时间膨胀”在起作用**。

上述现象表明，恐惧并不会提升我们的认知速度或思考能力，**而是为我们的相关记忆赋予了更多细节**。由于人们对于时间的感知很大程度上基于记忆容量，因此**饱含细节的恐惧经历便会让时间的流逝显得更加缓慢**。

原文链接

请看上述笔记，你是否已经感受到了这些高亮文字所带来的强烈视觉冲击力呢？只须花费几秒钟时间对这些高度提炼的文字简单一瞥，便可以快速掌握整段文本的主要内容。当你日后因从事某项研究，或是浏览历史记录而与这篇笔记再度邂逅时，你便可以对该信息的相关性做出迅速判断。如果信息符合需求，那么便可通过进一步阅读笔记乃至整个原文获取额外的细节内容。

在极少数情况下，对于一些极其特殊和有价值的信息，我们还可以继续添加下一个层级，也即所谓的纲要。具体来说就是，在笔记的顶部用自己的语言写出一些概括性的项目符号。一般来说，当你对某篇笔记爱不释手时，那可能表明它已经涉及了某些根本性的思考，这便是需要添加第四层级的强烈信号。在制作纲要时，只须参考第二、三层级的粗体和高亮文字即可，这比对整篇文章做全面总结要简单得多。

我推荐使用项目符号让自己所做的纲要显得更为简洁。考虑到未来的自己可能完全不记得这份笔记的内容，因此在制作纲要时请务必使用自己的语言，并对一些晦涩的术语进行解释，以减少日后重温时的理解障碍。

大脑是如何让时间停滞的？

纲要

- “时间膨胀”是指感知到的时间流逝速度慢于客观情况
- 这一现象通常发生在极度恐惧的情况下
- 实验表明，处于惊恐状态的个体感知到的时间流逝速度比客观情况慢36%
- 进一步的研究表明，“时间膨胀”有利于强化对相关经历的记忆

大脑是如何让时间停滞的？

高强度的恐惧感可能会引发一种名为“时间膨胀”的诡异副作用，也即时间的流逝明显放缓……经历过生死关头的幸存者们常常会反映时间周期变长、物体坠落速度变慢，而他们自己却**能在瞬间完成各种复杂的思考**。

在一次实验中，斯坦福大学神经学家伊格曼**邀请一些敢于冒险的参与者从高处坠下**，在此期间利用手中的秒表记录下坠落时间，并与自己估计的耗时做对比。结果发现，**参与者们感受到的时间流逝比客观数据长36%。这便是“时间膨胀”在起作用**。

上述现象表明，恐惧并不会提升我们的认知速度或思考能力，**而是为我们的相关记忆赋予了更多细节**。由于人们对于时间的感知很大程度上基于记忆容量，因此**饱含细节的恐惧经历便会让时间的流逝显得更加缓慢**。

原文链接

如上所示，只须浏览一下纲要便可迅速回忆起整篇文章的主要内容。相比重新通读全文来说，这种做法节约了大量的时间。同时，通过自己的语言总结出的“干货”也更易于融入当前项目中。回忆也需要讲求效率，毕竟每个人的时间精力有限，吸收单篇笔记的速度越快，创新思想的积累就越丰富。

打造收放自如的“知识版图”

“渐进式归纳法”的各个层级让我们能够根据不同的实际需求采取不同的笔记处理方式。在初次接触某个新信息时，你会深入钻研，尽可能覆盖到每一个细节；而当再次相遇时，你便无心从头到尾探究一番，只想重温一下上次阅读后归纳出的精简内容。于是，你可以根据时间充裕程度（话说时间怎么会“充裕”呢？），选择富含细节的第一层级，或是更加精练的第二、三、四层级。简言之，你可以根据实际情况对花费在某份笔记上的时间和精力进行个性定制。

这就好比为你的笔记配备了一幅数字版图，和智能手机里的地图应用一样，可以根据对细节的要求进行相应收放。在导航至新目标时，你可能需要放大地图并准确了解每条车道的情况；当策划越野旅行时，你可能需要缩小地图以对整个行程做宏观把握。对于你的知识版图来说亦是如此——有时你需要放大版图以检视某项具体的研究发现，有时则需缩小版图以就某一话题做广泛涉猎。

利用“渐进式归纳法”，你可以为自己的第二大脑打造一幅载满创新思想的知识版图。你所做的重点标识便是一块块路标和指示牌，引导你在思想的网络中畅快遨游。知识版图的打造过程无须变动或是删除任何信息，原始笔记中的每段文字都原封未动，你可以自由精简且不必担心丢失原文。有了这块版图，你可以对自己抓取到的所有信息了然于胸。它既可帮助你寻找既定目标，又可用于探索未知领域。

当然，标记重点也并非毫无风险。有时我们也可能会怀疑自己“是否标记出了真正的重点和要义”。不过无须担心，多层级的“渐进式归纳法”本身就包含安全机制。无论怎么出错，总是可以重置到原始版本并再次尝试，不会丢失或删除任何内容。

人类对于信息的表达方式异常敏感。在网页设计中，按钮颜色或标题文字的细微变化，往往会给访客点击量带来两位数幅度的变动。试想一下，如果我们能像设计公共网页那样，将更多的巧思用于改善私人笔记的呈现方式，该有多好。哪怕是小到对标题信息、段落划分或是文字强调等细节的简单处理，都可让笔记内容变得更易理解。

“渐进式归纳法”可以帮助你将精力聚焦于笔记的内容和表达方式上，而非在标签、标记、链接或其他某些高级功能上耗费过多时间。即使在精力极度有限的情况下，亦可通过这一简单可行的技巧实现价值提升。最为重要的是，它可以让你的注意力集中于所读和所学的内容本身，这从长期来看是大有裨益的。

关于“渐进式归纳法”的四个案例

我们当然也可以对诸如图像、音频、视频等多媒体信息进行提炼操作，不过由于形式各异，本书对此不做展开。

“渐进式归纳法”广泛适用于多种类型的信息。只要该内容可被转换为文本格式，你就能够通过信息管理工具为其添加若干层级的重点标识。

下面来看“渐进式归纳法”的更多案例：

维基百科文章

在线文章

播客和音频

会议记录

维基百科文章

你是否曾为了同一个概念而反复查阅维基百科，或是怎么也回想不起几周以前查询过的某个条目了呢？

在阅读维基百科文章时，你可以将其中最相关、最精华的部分摘录下来，形成你的私人百科全书。以下笔记是我针对曾反复查阅的一个晦涩的经济学术语——“鲍莫尔成本病”（Baumol's Cost Disease）——所做的关键词摘录。

在记录这条笔记的第一时间，我还来不及为其添加标签、重点标识或是纲要，只能先将其暂存于名为“经济学”的资源文件夹中以待日后重温。过了数月，我在查询“工资”概念时再度与它不期而遇，于是我便花了些工夫将一些关键词加粗，并将最重要的部分加以高亮处理，如此一来便一目了然了。

鲍莫尔成本病

鲍莫尔成本病

原文链接

摘要：**工资上涨压力会在不同行业间相互传导，而不受生产率水平制约**。为了留住优秀人才，即使是生产率偏低的行业，也不得不在薪酬竞争力方面向景气行业看齐，**由此必然导致工资水平上升——这亦可视作对员工生产力的一种投资**。

后来，我参加了一场座谈，其间有位演讲者提到这一术语。我利用短短十秒钟的时间在平板电脑上搜索并调取了这份笔记（我的所有笔记文档都是同步的），然后胸有成竹地对这一话题做出了回应，俨然一副资深学者的气派。

在线文章

很多情况下，我们都在漫无目的地摄取信息，例如边吃早餐边看报纸、健身时收听播客或是对某份简报中的话题作泛泛了解等。信息是连接当下与未来的桥梁、是消磨时光和休闲娱乐的调剂，也是让创新思想生生不息的源泉。

许多看似不经意的时刻，实际上都是孕育新思想新观点的不二良机。因为轻松随性的阅读和聆听往往是海纳百川的，可以让你比平时接触到更多的差异化思想。

一天晚上，我在社交媒体上读到一篇网文，该文介绍的是谷歌如何通过引入“结构化面试”的方式降低招聘中的主观偏差，从而保持标准的一致性，并从往期招聘活动中汲取经验。彼时我还是一个自由职业者，对于招聘技巧没有紧迫需求。不过我知道这种知识总有一天会派上用场，于是便将其记录在我的第二大脑中。

招聘流程与员工留存率

招聘流程与员工留存率

原文链接

“幸运的是，研究同样表明，结构化面试——**采用同样的面试问题和方法对求职者进行评估——可以显著降低招聘过程中的主观偏差**。与非结构化的面试相比，结构化面试的另一项优势在于，**更有利于多元化**。种族因素对于面试分数的影响被有效降低了；更有效率。无须为大量的求职者单独设定问题和评估标准；更受求职者欢迎。认同公司招聘流程的求职者受雇后的工作表现可望高看一成。”

直到过了大约两年以后，我才着手招聘自己的第一名员工。让我记忆犹新的是，光是做出这一重大财务决定便足以令当时的我倍感焦虑，更不用说还要承担起管理下属的职责了。好在我此前在一个名为“招聘”的资源文件夹中存储了一大堆极具可行性的笔记资料。我将该文件夹从“资源”类转入了“项目”类，接着用半个小时温习笔记内容，并将其中最为相关的要点做了强调标记。于是乎，从谷歌这样一个全球最具创意和最令人向往的公司那里获得的启发，成为我在开展招聘活动时的出发点和最终落脚点。

播客和音频

某些情况下，你可能无法第一时间记录笔记，不过这并无大碍。记得有一个周末，我和妻子开车前往位于加利福尼亚州内华达山脉的爱彼迎（Airbnb）小屋度假。驾车途中我们打开了播客应用，里面播放的是主持人与一位名叫梅根·特普纳的培训师之间的轻松对话，后者经营着一家名为“烹饪营养学院”的在线培训机构。

我此前并不认识梅根·特普纳，也是无意之间才收听到这一节目。在随后的一段时光里，我们一面开着车在陡峭的山路上爬升，一面不由得被这位创业者在教培行业取得的成功所深深吸引。她曾经历过的许多挑战都让我们感同身受，并欣慰于自己并不是一个人在战斗。当时我正在开车，无法及时记录。不过在抵达目的地的第一时间，我坐在车里花了几分钟的工夫，将所有令我印象深刻的要点记录下来。这其实是一个对笔记进行去粗取精的好办法——最精华的内容往往可以在脑海中萦绕一到两个小时之久。

被动收入三十六计（SPI）系列播客：梅根·特普纳

被动收入三十六计系列播客：梅根·特普纳

原文链接

· 在线培训及职业认证项目“**烹饪营养学院**”的创始人

· 已有**来自35个国家的2000多名学员**完成了学业，培训收入超过百万美元

· 四级差异化定价策略：

-**名誉学员（旁听生）**——开放全部课程，但不提供指导或认证服务

-专业学员——提供指导和职业认证

-商务学员——提供额外的创业支持和咨询服务

• **经理人——由特普纳本人亲自辅导**

• **上述三种学员课程限量供应**，其中第一项手慢无

• **课程项目长达14周，完成率为97%**

• **聘请导师为14～16人规模的学员小组提供支持**。导师的薪酬与学员人数挂钩，中途退学的学员不构成计薪基数

几个月后，我们着手上新一门在线课程。留给我们的准备时间只有寥寥数周——根本来不及开展更多调研，只能从既有的信息入手。在此期间，我仔细通读了上述笔记（它被存放在名为“在线教育”的领域文件夹中），并将最感兴趣的内容加粗。到了课程启动前夕，我又对适用于自身情况的部分做了高亮处理。在这些高亮文字的启发之下，我们聘请了往届学员担任新学员的导师。这就为我腾出了大量的时间以便效仿特普纳在访谈中提到的另一个做法：新增一个“经理人”培训组。总之你永远都不知道灵感会来自何方，又会带来多么深远的影响。

会议记录

和许多人一样，我的大量时间都被文山会海所占据。为了充分利用时间，我会在会议期间将各种创新思想、建议、反馈以及行动计划一一记录下来。

制作会议记录是非常普遍的做法，不过我们可能并不清楚应当如何处理这些笔记。它们往往表现为一大堆闲言碎语中夹杂着几条行动建议，显得格外凌乱。我通常会利用“渐进式归纳法”对通话内容进行总结，以确保充分挖掘其中价值。

以下是我与一位录音棚设计行家之间的通话记录。当时我们正在讨论如何将车库改造成家庭工作室，对方非常热情地为我提供了许多建议。我则一面听着他侃侃而谈，一面用智能手机中的笔记应用将通话要点一一记下。

德里克关于家庭工作室的改造建议

德里克关于家庭工作室的改造建议

• 配有磨砂玻璃的四折折叠门

• 足以覆盖整个内门的剧院级遮光幕布（屏蔽光线和回音）；上方穿好金属环以便收拉；或在车库的角落放一块挡板以收纳窗帘和遮挡光线

• 附带地下走线管道的拼块地毯

• 将天花板完全打通并涂刷成黑色，搭建管桁架以悬挂射灯和摄像头；或安装吊顶轨道以替代线束固定

• 将相对隐蔽的黑色吸音板铺在天花板上；使用木螺丝和垫圈加以固定

一段时间过后，有一次我恰好驾车经过本地一家五金店，突然想到可以去店里购买一些朋友此前建议的装潢材料。于是我便拿出手机，搜索“家庭工作室”并调出了这份笔记。我坐在车里，花了几分钟时间将需要购买的材料名称加粗处理。

一番操作过后，笔记变成了如下模样：

德里克关于家庭工作室的改造建议

德里克关于家庭工作室的改造建议

• 配有磨砂玻璃的四折折叠门

• 足以覆盖整个内门的剧院级**遮光幕布**（屏蔽光线和回音）；**上方穿好金属环**以便收拉；或在车库的角落放一块挡板以收纳窗帘和遮挡光线

• 附带地下走线管道的拼块地毯

• 将天花板完全打通并**涂刷成黑色**，搭建管桁架以悬挂射灯和摄像头；或安装**吊顶轨道**以替代线束固定

• 将相对隐蔽的**黑色吸音板铺在天花板上**；使用**木螺丝和垫圈**加以固定

接着我便将所有粗体文字复制为一个单独的列表，列示在原始笔记的下方，于是便得到一个简易的购物清单以备逛店时作为参考。

以上案例说明了“渐进式归纳法”是如何让普通的对话记录发挥出巨大效用的。实现这一效果的诀窍就是在运用笔记之前做好充分的信息提炼。

德里克关于家庭工作室的改造建议

德里克关于家庭工作室的改造建议

• 配有磨砂玻璃的四折折叠门

• 足以覆盖整个内门的剧院级**遮光幕布**（屏蔽光线和回音）；**上方穿好金属环**以便收拉；或在车库的角落放一块挡板以收纳窗帘和遮挡光线

• 附带地下走线管道的拼块地毯

• 将天花板完全打通并**涂刷成黑色**，搭建管桁架以悬挂射灯和摄像头；或安装**吊顶轨道**以替代线束固定

• 将相对隐蔽的**黑色吸音板铺在天花板上**；使用**木螺丝和垫圈**加以固定

购物清单：

☐ 遮光幕布

☐ 金属环

☐ 黑色涂料

□ 吊顶轨道

毕加索的秘密：大道至简

下面我们来看看历史上的创意大师们是如何在作品中体现提炼功力的。

《公牛》是巴勃罗·毕加索于1945年绘制的一幅代表作。它如教科书一般诠释了“提炼”活动在创作过程中的重要作用。

以下是毕加索为了研究公牛的基本形态而绘制的一系列图像。实际上，我们从每种艺术形式中都能够发现“提炼”的身影。而下例中的特别之处就在于，毕加索将每个绘制步骤都完整保留了下来。

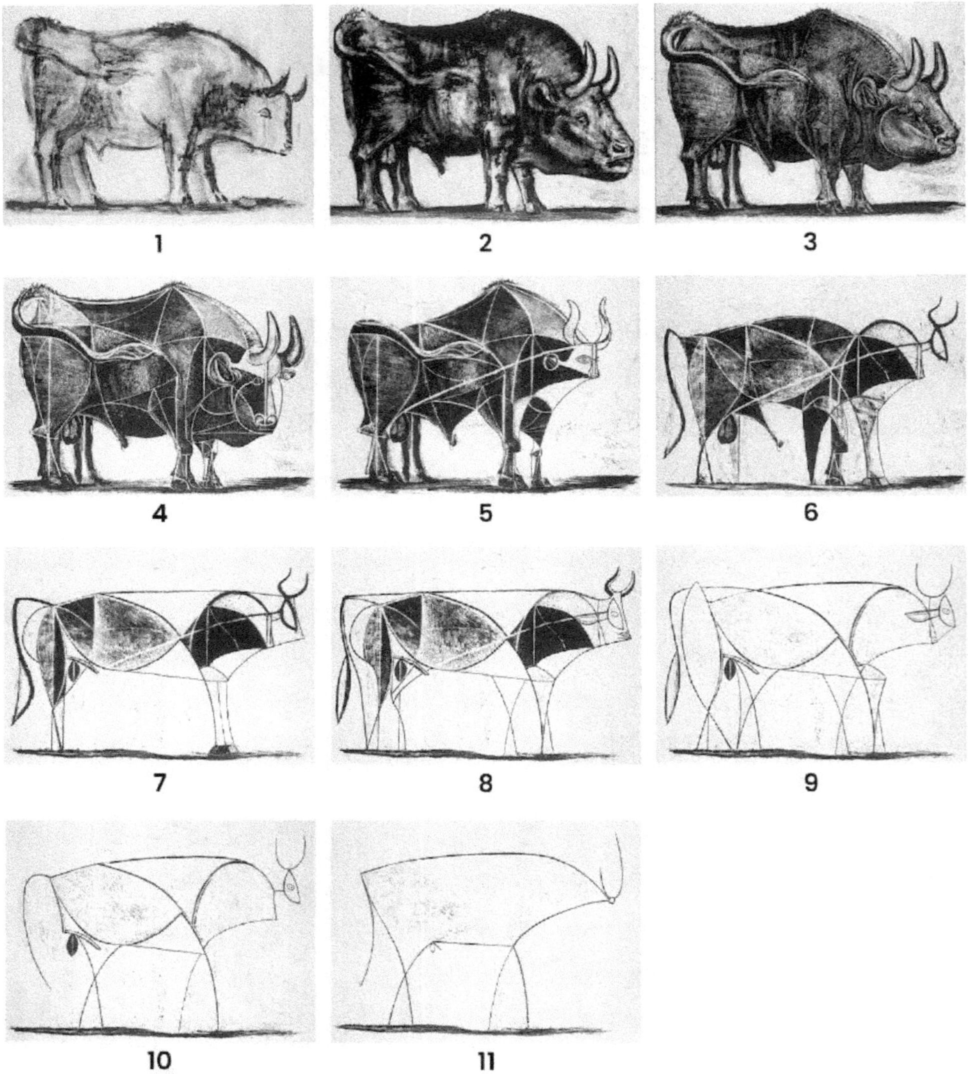

巴勃罗·毕加索，勒·陶罗（11幅石版画系列），1945—1946年

[© 2021巴勃罗庄园 毕加索/艺术家权利协会（ARS），纽约]。

从左上角开始依序而下，可以看出毕加索正在一步步地解构公牛的形态。在最初的几幅图中，他加入了更多细节，表现为牛角更加饱满、尾巴更加立体、皮肉更加厚实和富有质感等。这便是先予后取之道。

自第四幅图之后，提炼的技法正式登场。毕加索开始用锐利的白色线条勾勒出公牛的主要肌肉。之前的平滑线条变得棱角分明，动物身躯整体呈现出几何形态。到了第五和第六幅图，毕加索舍弃了公牛头部的大量细节，进一步简化了牛角、尾巴和腿，并加入了一条贯穿整个身躯的白色线条以提示重心，从而使整个画面显得相当简约。

在之后的几幅图中，公牛的形态已经被简化为一系列黑白相间、相互拼接在一起的简单形状。腿部变成了简单的线条，而躯体的正面和背部则用饱满的色块表示。到了最终的画作上，甚至连硕果仅存的几处细节都被剥离出来，整个画面只剩下寥寥数笔，但却将一头公牛的体态神韵勾勒得惟妙惟肖。

毕加索的提炼之道就是不断地去粗取精。需要强调的是，他并不是从一开始就用线条作画，而是对公牛的外形进行一步步抽丝剥茧，最终达到目无全牛的境界。这反映出创作活动的一个神奇特质：结果之“简”掩盖了过程之“繁”。

在著名教育平台“大师课程”（MasterClass）推出的一档纪录片制作教程中，伯恩斯就影片制作素材的收集和运用提出如下建议：“你发现报纸上的某篇文章与手头的项目相关？赶紧剪下来存档。你草拟了一段旁白或对话？赶紧打印出来存档。你为某次采访设计了一些巧妙的问题？赶紧记录下来，然后也把它们存档。”

再来看另一个来自纪录片制作领域的案例。《美国内战》《棒球》《爵士乐》等获奖影片的导演、著名制片人肯·伯恩斯曾经表示，在剪辑阶段，原始镜头的采用率低得离谱，甚至达到40：1到50：1。即平均每40到50小时的视频素材中，仅有1小时的内容可以剪入最终的成片。在这一过程中，伯恩斯及其团队采取了激进的筛选策略——从数百小时的原片中挑选出最有趣、最新奇和最动人的片段。

“渐进式归纳法”的核心逻辑在于“断舍离”，而非“滴水不漏”。有道是“千淘万漉虽辛苦，吹尽狂沙始到金”。从这个意义上来说，萃取之道即为进取之道。毕加索的《公牛》和伯恩斯的纪录片带给我们的启示是，有舍才能有得。我们不可能让一篇笔记既突出重点，又一字不落，正如不可能让一段视频既精彩纷呈，又纤毫毕现；也不可能让一场演示既简明高效，又面面俱到。

笔记新手最常犯的三个错误

如果你刚开始尝试为自己的笔记标注重点，那么以下若干指导原则有助于你避开一些常见误区。

错误1：过度标记重点

在对笔记内容进行提炼时，人们最常犯的一个错误就是过于贪多。可能我们在学生时期都经历过这种误区，将课本中的大段文字甚至全文都画为重点，并奢望自己能够将荧光笔所到之处全部搬进脑袋。

对于工作笔记来说，更要注重化繁为简。当然，你大可以整篇整篇地照抄原文，亦可以成堆成堆地收藏网帖。这是你的自由。不过你很快便会发现，如此不加筛选地收罗海量素材，只会让后续的信息梳理工作变得繁重无比。如果什么都想要，最后就什么都得不到。

请记住，笔记不是官方文档，无须做到滴水不漏。它们更像是夹杂在一本本厚重书籍里的小小书签，时刻提醒着读者：“嘿，这儿有精彩的内容！”若有必要，你随时可以回顾和重温完整的原始材料，而笔记的作用则在于，帮助你在需要的时候迅速定位这些信息。

关于画重点的一个有效的经验法则就是，每一层级的重点不应超过上一层级内容的10%～20%。譬如你从某本书中摘抄了500多字的文本，那么第二层级的黑体加粗内容不应超过100字，而第三层级的高亮内容不应超过20字。这并非严谨的科学，不过一旦掌握这一原则，你便会在画重点的时候懂得见好就收。

错误2：缺乏明确目标

关于“渐进式归纳法”的一个最常见的问题是：“我在什么情况下需要画重点？”对此，我的答案是：在准备创作时。

相对而言，信息的抓取和组织并不需要花费太多时间，但提炼活动则需投入大量的时间和精力。如果你打算在没有明确目标的前提下，将所有笔记进行地毯式提炼，那么这种做法无异于作茧自缚。惊人的时间投入换来的却是不确定的回报，这种“亏本生意”绝非明智之举。

相反的，我们需要先明确笔记的使用目的。例如，当准备写博客文章时，我通常会从与当前主题相关的一堆笔记中标记出最有趣的部分。如此一来，我便通过一个简单可控的任务为正式写作做了热身，正如运动员赛前的热身和伸展运动一样。

当准备和律师通话时，我通常会将我们上次的通话记录标记重点，并将决策要点和行动项目列入议程。我的律师每次都惊讶于我的充分准备，而实际上我只是希望尽可能地控制通话时间以便节省咨询费用。

你需要始终把握的前提是，除了特殊情况外，我们持有的笔记并非总能派上用场。因为我们很难预测未来的自己需要什么、追求什么，或是正在从事什么。基于这一假设，我们在对笔记进行梳理总结时不可太过粗放，必须考虑投入产出比是否合理，然后再谨慎行事。

这一原则被称为“信息协同”（stigmergy）——在特定环境中留下“印记”，以使日后工作更加便利。这是蚁群用来寻找食物的策略。如果一只蚂蚁找到了食物来源，它会把其中一部分带回蚁群，同时沿途留下一种特殊的信息素，以便其他蚂蚁可以沿着路径寻找目标食物。于是庞大的蚁群便能快速定位食物来源并进行高效收集。

对此，我们需要遵循的原则是，对既定笔记的每一次处理，都应当能使未来的自己更易挖掘其中价值——具体方式包括画重点，添加标题、项目符号或注释等。这是信息管理的铁律——“接触信息”与“改善信息”必须同步进行。如此方能实现“访问笔记越频繁，价值发掘越深入”的良性循环。

错误3：故作高深

请不要纠结于如何通过分析、阐释或是分类的办法决定是否需要标注重点。这种做法不仅费时费力，而且很容易干扰你的注意力。相反的，你只须听从自己的直觉，通过感性判断哪些是有趣的，哪些是不循常理的，哪些又是与你最感兴趣的话题或是手头的项目息息相关的。

正如在抓取信息时需要认真聆听内心的共鸣一样，我们对于信息的提炼同样适用于这一规则。总有某些文字会深深打动你，让你目不转睛、心跳加速或是一跃而起。这些都是一个个强烈信号，表明你发现了重点内容。那么赶紧标记它们吧。你还可以参照我在第四章中介绍的若干标准，寻找新奇性、实用性、启发性以及个性化元素，以便确定相关内容是否值得重点强调。

学会提炼萃取，将使你终身受益。回想一下，你是否曾被某位说书者的精彩叙述吸引得欲罢不能，他的故事显然经过精雕细琢，去除了许多不必要的细节；回想一下你最近一次站在某幅名画之前叹为观止的场景。它之所以让你瞬间沦陷，是因为其中所蕴含的创作理念能够以最为明快干练的方式，透过画布直达你的心房。

即使在日常沟通中，简明扼要也是促成一场酣畅淋漓的对话的要诀。个人友谊、工作关系和领导能力的核心在于沟通，而沟通的核心则在于精练。记录笔记的习惯可以让你在日常生活中有意识地锻炼自己的提炼能力。

课后思考：请对未来的自己好一些

学习和运用“渐进式归纳法”的目的在于：我们的笔记能够快速响应未来的不时之需。

对于思考和创新来说，并非总是多多益善。我们应当通过有效的提炼，将自己的创新思想变得简洁凝练，如此便可达到事半功倍的效果。无法迅速调取和便捷使用的信息是没有存在感的。时间就是金钱和生命，因此我们必须尽己所能，不断改善第二大脑中的信息发现机制。

正如德国作家申克·阿伦斯在《卡片笔记写作法》（How to Take Smart Notes）中指出的，写作的一个核心悖论是：素材研究在先而写作构思在后。用他的话来说：“我们必须一边阅读，一边将自己的心得记录下来，从而构建起一个博采众长且不断扩张的思想库。在此过程中请不要盲目制定任何不靠谱的计划，只须听从我们的兴趣、好奇以及直觉，让它们与阅读、思考、讨论、写作和构思活动相得益彰——成为我们的外部知识与内心思想不断积累壮大的生动体现。”

对于信息的分析和研究要做到未雨绸缪，切勿等到大好机会近在咫尺了再临时抱佛脚。早在我们阅读文章、学习新知，以及对外部世界产生好奇的第一时间，就应采取有效措施，为今后未知的挑战和机遇做好准备。

现在就试着学以致用吧。请找出你近期浏览过的一则有趣内容，可以是一篇文章、一部有声书籍或是一段优兔视频，也可以是你已经抓取并保存在某个“PARA文件夹”中的信息，还可以是你电子邮箱或“延时阅读”应用中的新项目。

首先，利用“复制粘贴”命令或“抓取”工具，将该段内容中最精彩的部分摘录为一份新笔记。如此便完成了第一层级的提炼——存储于第二大脑中的原始摘录；然后，对该篇摘录加以通读，将其中的重点和要点进行加粗处理。

注意不要掺杂太多理性分析，而应追随内心的悸动确定如何区分重点。这些粗体字文本即为第二层级的提炼。

接下来，仅聚焦粗体字部分，并将其中的精华内容高亮处理（如果你的笔记应用没有“突出显示”功能，可以用下划线代替）。这一步骤的要诀在于让自己极尽挑剔：整篇笔记中配得上高亮处理的不过寥寥数句，甚至百里挑一。不仅如此，这些文字还必须高度凝练，足以提纲挈领、统揽全篇。这便是第三层级的提炼，在绝大部分情况下足堪大任。

评判笔记“可见性”的一个有效标准是使用者能否一览全局。试着将笔记搁置一段时间，等自己将各种细节忘得七七八八时重新回顾。给自己30秒时间，看看能否通过此前高亮处理的文字迅速重拾记忆，于是你便可以判断出这篇笔记的重点画得太多还是太少了。

每标记一个重点，都是在改进一次判断：优中选优再选优。这是一项需要时间沉淀的技能。你的判断力越强，笔记效率就越高，收获的乐趣也越多，因为你知道自己投入的每一分注意力都会创造出持久的价值。这种不断取得进步的感觉可以说是无比美妙的。

在下一章中，我们将进入“信管法则”的最后一步，运用业已收集和提炼的材料表达观点。

第七章

表达：成果展示

真理不外乎创造。

——詹巴蒂斯塔·维柯，意大利哲学家

1947年6月，在美国加州的帕萨迪纳市，一个名叫奥克塔维亚·埃斯特尔·巴特勒的女婴呱呱坠地。

这位小姑娘的昵称叫埃斯特尔。她自幼丧父，母亲依靠从事家政工作的微薄收入将她拉扯大。埃斯特尔从小就极度害羞内向，很容易成为校园霸凌的对象，而这种境遇也让她进一步强化了自己“丑陋、愚蠢、笨拙、社交无望”等心理暗示。埃斯特尔的害羞体质加上轻度的阅读障碍，使得她在学业上举步维艰。

作为某种应对，埃斯特尔将自己的心扉和想象力托付给了帕萨迪纳中央图书馆。在那里，她花了无数时间阅读童话故事，后来又迷上了科幻和奇幻小说，这些作品成为她最终走上作家之路的一盏盏明灯。

与生俱来的逆境也无法阻挡这位年轻姑娘一步步蜕变为当时世界上最著名和最具影响力的科幻小说家之一。她曾多次荣获雨果奖和星云奖（科幻类作品的最高奖项）。1995年，她更是成为第一位获得麦克阿瑟天才奖的科幻作家。

其实，埃斯特尔并非天生赢家。在加菲尔德小学学习期间，老师曾经对她的写作颇有微词，并常常在她的作文本里塞满“简直离谱”“用点心好么”等严厉的评语。有一个老师甚至质问她：“为什么你的作文读起来如此魔幻？我觉得你应该像大多数人一样，写一些贴近现实生活的故事。”那个老师还向埃斯特尔的母亲反映说：“她明明什么都懂，但就是屡教不改，真是缺乏自律。”

埃斯特尔12岁时，观看了一部拍摄于1954年的B级惊悚电影《火星女魔》（*Devil Girl From Mars*）。由于该片观感一般，导致埃斯特尔认为自己可以做得更好。据她回忆说：“直到我开始动笔撰写剧本时，才恍然明白了自己要的究竟是什么……可以说，是绝境成就了今天的我。”

当职业作家的梦想向埃斯特尔缓缓伸出橄榄枝时，她开始将自己称为“奥克塔维亚”，意为另一个强大而自信的自己。高中毕业后，奥克塔维亚从事了一系列临时或兼职的工作：文员、厂妹、仓库保管、洗衣工、配菜员等——这些工作都不太费脑子，可以让她每天精神饱满地早起，并利用清晨的一段时间从事写作。

创业时期的奥克塔维亚为自己制定了三条规则：1.

每次出门时必须带着笔记本、便笺，或是其他可以用来写作的东西；2.

无论走到哪里都要眼观六路、耳听八方；3.

不要为错过或遗憾的事情找借口，与其这样还不如多思考如何“逢山开路、遇水架桥”。

自此，她便与札记本结下了一生的不解之缘。她会花25美分购买一本小巧的米德牌备忘录，并在内页上记录自己生活的方方面面：杂货和服装的购物清单、紧急的待办事项、愿望和打算、日用开支等。她详细记录了自己每天的写作目标和页数、自己的不足和期望的个人品质、对于未来的心愿和梦想以及自我设定的每日写作字数等。

当然，奥克塔维亚也在不断地为自己的奇幻故事收集素材：从广播中听到的美妙歌词、关于角色命名或设定的创意、新的研究课题、新闻报道的细节——所有与她想要构建的世界观相关的一切。她研究了包括人类学、英语、新闻学、演讲在内的数十个主题，还亲赴秘鲁的亚马孙和印加遗址获取生物多样性和文明崩溃的第一手体验。她如同记者一般偏爱冰冷的事实，这让她笔下的故事显得尤为真实而饱满。“越是意识到自己的无知，就越能准确地还原事实。”奥克塔维亚如是说。

2020年，也即奥克塔维亚逝世的第14年，她的名作《播种者的寓言》（*Parable of the Sower*）首次荣登《纽约时报》的畅销书排行榜，了却了她的又一桩夙愿。该书讲述了在一场严重的气候浩劫中，幸存下来的弱小社群如何抱团取暖、苟全于末世的故事。书中许多真实得令人窒息的预言，恰恰暗合了当今这个因新冠疫情的肆虐而变得黯淡和动荡的世界，从而引起了读者的强烈共鸣。如何在危机之中求得涅槃重生，已不再是杞人忧天的妄念，而是现实生活对于世人的灵魂拷问。奥克塔维亚因其惊人的预测能力而被誉为“先知”，然而她却一再表示，自己的成果来自简单的想象：“如果这种情况持续下去将会怎样？……可以凭借现有的技术手段，通过分析当前的生态、社会环境以及各种实践活动做出推断。这种预测的准确性相当之高——自然也颇具警示性。”

在奥克塔维亚的认知中，科幻小说不仅是娱乐消遣，更是一种革命性的看待未来的方式。作为在科幻小说界成功立足的首位黑人作家，奥克塔维亚非常善于挖掘一些备受忽视的主题：气候变化可能引发的环境崩溃、贪得无厌的资本、不断拉大的贫富差距、性别的自由切换、边缘群体的“异化”、对社会等级秩序的批判等。

奥克塔维亚开创了“非洲未来主义”（Afrofuturism）流派，将非洲裔美国人推崇激进变革的生存之道展现得淋漓尽致。在她的故事里，边缘群体总是扮演着未来的英雄的角色而非受压迫者。许多关于权利丧失者、放逐者和离经叛道者的不为人知的故事，在她的笔下熠熠生辉，令读者们大开眼界。

我们怎么会对奥克塔维亚的生活如此了如指掌呢？答案就是她把所有的一切都记录了下来——日志、札记、演讲、图书馆借阅单、论文、故事草稿、学习笔记、日历和行程表，以及诸如学习进度表、公交通行证、年鉴、合同等杂项。在奥克塔维亚去世后，上述所有资料被打包捐献给了加州圣玛利诺市的亨廷顿图书馆，共计9062项，装满了386个文件盒。

一个极度害羞的小女孩怎可能逆袭为知名作家？一个整日疲于奔命的灰姑娘怎可能蝶变为预言大神？用她自己的话来说："我的母亲是女佣，我的父亲给别人擦皮鞋，而我却想成为一名科幻小说家，这个玩笑是不是有点儿离谱？"

但是，奥克塔维亚却真的让这个玩笑成了现实，而她的坎坷经历恰恰成了她的创作素材："相对于快乐的情绪来说，痛苦、恐惧和忧郁能够为我的创作带来更加强烈的冲击。它们是如此令人难忘，为我笔下的有趣故事提供了无数灵感。"

笔记和写作是奥克塔维亚用以对抗心魔的武器："对我来说，前进路上的最大拦路虎就是内心的恐惧与自卑——我总是担心自己不够优秀、不够聪明，也许我真的像别人说的那样一无是处。"

奥克塔维亚从日常生活和引人入胜的书籍中拼命吮吸每一丝养分，构建起一个充溢着各种观点和细节的素材库："即便再怎么微不足道的资源，只要运用得当，没准就会成为你的独门绝技。"她就是这样从逆境之中顽强崛起，开拓出一条表达自我和传播思想的康庄大道，化不可能为可能的。

传说中那些信手拈来的奇文和凭空出现的名画，终究只能是传说而已。专业的创作者无不善于从外部资源——人生阅历、经验教训以及他山之石——中获得启发。如果说创作也有秘诀的话，那么一定是来源于经年累月的积累、重组和沉淀。

最宝贵的资源别乱用

对于脑力工作者来说，专注力可谓是最稀缺和宝贵的资源。

创作过程中的每一个阶段都要求我们打起十二分的精神。只有做到聚精会神，才能更好地理解世事变幻、发现周遭资源以及发掘自身价值。在这样一个浮躁的世界里，自主且有章法地配置个人精力，是一项不可多得的竞争优势。因此我们必须像守卫宝藏一样，小心翼翼地呵护我们的专注力。

一天有24个小时，不过我们真正全神贯注的时间又有多少？许多时候我们都在忙忙碌碌，许多时间都被分割得支离破碎，很难做到专心致志。专注力固然可以培养，但更容易受到种种干扰因素和不利环境的破坏。构建第二大脑的一大挑战便是如何通过个人知识系统的构建和应用，解放（而非消耗）更多的专注力。

我们都知道“结果导向”的重要性，也都将“结果交付”视作一种责任——无论是上架的产品、正式的演说还是发表的论文。

通常来说，这种理念是无可非议的。不过如果将目光局限于结果本身，那么就很容易走入一个误区：所有的阶段性成果——笔记、草稿、大纲、反馈等，都可能遭到忽视和低估。于是乎，我们在这些阶段性成果上花费的大量心血，往往会在大功告成后被丢进历史的废纸篓。我们曾如此地煞费苦心，在一系列“过程文件”中投入了大量脑力。而一旦事成之后，所有的前期知识储备便在我们的脑海中烟消云散，如同被汹涌的海浪无情冲垮的一座座沙雕。

如果我们真的将专注力视为脑力工作者最弥足珍贵的资源，那就绝不能眼睁睁地坐视我们所取得的阶段性成果付诸东流；如果我们真的认识到生命中可用于非凡创作的时间无比珍贵，那就务必要构建起一个给力的知识系统，对各种过程性信息进行有效的回收再利用。

请认真思考，我们今时今日所创造出的知识资产中，哪些内容在未来仍具备极大的利用价值？哪些知识模块在未来仍可对我们的某些项目产生推动作用？我们又当如何管理这些知识储备以备未来的不时之需，无论届时身在何方、供职何处？

创作过程的终极阶段——表达，是一门分享认知的艺术。表达的时机要趁早，而无须等待万事俱备；表达的频度要更高、内容要更细化——步步试错；表达的同时要善于倾听，利用他山之石不断充实自己的第二大脑，从而为下一轮的创作打下坚实基础。

“半熟素材”：化整为零的力量

将化整为零的思路运用到日常工作中已经算不得什么新鲜事了。你很可能无数次听到过这样的建议：如果某项工作令你感到棘手，不妨试着将它划分为一个个零碎步骤。

对于任何专业项目或创作活动来说，在最终结果出炉之前，总会存在种种“中间环节”。例如：

软件开发的“模块”

创业公司的“试运营”

建筑工程的“草图”

电视连续剧的“试映集”

工程师制作的“原型”

汽车设计的“概念车型”

音乐作品的“小样”

文章的“大纲”

上述所有概念都可理解为个人创作过程中拟制的“草稿”。

这里存在着一个易被大多数人忽视的问题：仅仅将一项任务分解成若干零碎步骤是远远不够的——我们还需要一个系统对零碎信息进行有效管理。否则你只不过是又为自己平添了一大堆需要操心的琐事而已。

“半熟素材”（Intermediate Packets）的英文缩写为“IP”，与“知识产权”（Intellectual Property）的缩写恰巧相同。这真是一个恰到好处的巧合，因为“半熟素材”当然是你的知识产权，你创建了它们，对其享有所有权以及永久使用权。

这里所说的系统即指我们的第二大脑。至于其中收录的所有零碎信息的集合，我愿称之为“半熟素材”，也即构建最终作品所必需的、个别的、具体的创作元素。例如小组会议的纪要、相关研究成果的列表、与小伙伴们开展的头脑风暴、用于市场分析的幻灯片、电话会议确定的行动项目等。任何一则笔记都有可能在某个更高级别的项目或目标中扮演“半熟素材”的角色。

假设一位销售人员正在为某品牌的健康能量饮料策划一场营销活动。这种活动看上去似乎与所谓的知识管理大相径庭——销售难道不就是打打电话、开开会、耍耍嘴皮、收收钱么？

然而仔细观察一下便会发现，销售工作其实也是由大量创作元素所组成的，例如公司宣传册、销售说明书、陌生电话销售模板、潜在客户名单、与重要经销商的历史通话记录等——这些都是销售人员赖以创造业绩的宝贵资源。

正如乐高积木一样，我们拥有的积木越多，搭建作品就越容易。想象一下，如果你的下一个项目不再起步于一块白板，而是建立在诸多创作元素——研究成果、网页剪辑、文件摘要、读书笔记、草图等一系列你长期积累下来的对相关领域、行业乃至整个世界的认知——之上，那该有多棒。

每个人的时间和精力都极其有限，因此是时候将我们呕心沥血的成果——报告、成品、计划、文字、图示、幻灯片等——转化为可供反复利用的知识资产，而无须每次另起炉灶。对于“半熟素材”的有效再利用能够大大节省我们的精力，以完成更加重要的任务或提出创意。对于个人来说，化整为零的理念可谓打开视野和提升格局的最佳途径。

以下列举了五种易于创建和再利用的“半熟素材”：

干货笔记：对书籍或文章进行通读和提炼后形成的精要梗概（可以利用上一章介绍的“渐进式归纳法”进行提炼）；

落选素材：没有被历史项目采用，但可能在日后发挥作用的材料或设想；

过程性文件：历史项目中产生的文档、图片、日程、计划等；

最终成果：历史项目中交付的工作成果，可能会成为新项目中的一部分；

他山之石：可供借鉴和吸纳的，由你的团队成员、承包商、顾问乃至客户所创造的知识资产。

如果你正在阅读某篇教程文章，不妨将其中最有帮助的建议保存在你的笔记中，形成干货笔记以备日后所需；如果你在撰写论文的过程中决定删除某个段落，不妨将其存为落选素材，以便后续创作时参考；如果你在开发产品的过程中制定了一套详细的标准，不妨将这种过程性文件保存为模板以备日后套用；如果你从事管理咨询工作，不妨在每次完成正式演示后，将相关的幻灯片作为最终成果留存下来，用于今后某些类似的演示；如果你是实验室研究者，在与同事合作期间，发现对方设计了非常严谨的试验规程，那么不妨对这种他山之石加以借鉴、完善，并为己所用（当然，前提是取得当事人的许可）。

在借鉴和援引资料时，应始终标明出处，并不吝赞美之词。科学工作者不应隐匿资料来源，正确地标明资料出处，有助于他人对研究过程进行追溯和复盘。我们每个人都是站在巨人的肩膀上，基于既有科研成果展开创新，这显然要比一砖一瓦地重建整个知识体系要明智得多。

在创作过程中善于运用“半熟素材”，将会为你带来诸多明显益处。

首先是专注力的强化。因为我们不必再将庞大的项目整个装入脑中，而只须一次关注一个小型的资料库。由于不必在同一时间操心所有的过程性文件，注意力分散的情况将大为改善。

其次是工作时间更加灵活。我们不必再等待一整段的可用时间——不得不承认，这种整块整块的时间可是越来越稀有了——而是可以根据手头可用的碎片时间（即使再怎么微不足道），灵活处理不同的“半熟素材”。如此一来，宏伟的项目也好，远大的目标也好，都不会再令人望而生畏。因为我们可以不断地化整为零，直到各种明细任务与我们日常生活中的时间窗口相互契合。

再次是通过广纳良言可提高工作质量。相比长时间地埋头苦干、闭门造车，直到向老板和客户交货的最后时刻，才发现自己点错了技能包，现在我们可以从细微的创作元素开始，步步试错，广泛听取外部反馈，不断加以改进。你会发现，征求意见的环节开展得越早，可能获得的反馈就越具有建设性，从而确保工作质量不断提高。

最后也是最有利的一点，当你积累的“半熟素材”达到一定量级后，你便会惊喜地发现，只要将所有的“半熟素材”拼凑一下，便可以将整个大项目构建得有模有样了。这一神奇的经历将会完全颠覆你对于生产力的认知。

从此，“从零开始”“白纸作画”等概念将会从你的创作字典里彻底消失——为什么不将新的创作建立在历史经验所积累的宝贵财富之上呢？而世人则将惊异于你是如何做到持续地输出高质量的作品的。对于你是如何抽出大量时间用于如此繁重而细致的思考一事，他们绝对会百思不得其解——而事实上，你并没有在工作方面投入额外的时间与精力，你所做的不过是在你的第二大脑中构建起了一个用于存储各种“半熟素材”的资源库，并持续不断地加以充实。如果你的确将这些智力成果视为宝贵的资产，那么就应当像对待其他资产一样予以妥善管理。

透过“半熟素材”这块滤镜，你可以让自己对事物的把握精确到原子级别。只要拥有化整为零的思维，那么所有的工作对你来说，无非就是不失时机地开发各种“半熟素材”，而不必考虑可行性和实际用途。在这一理念的帮助下，我们对于创作活动的理解将由“集中消耗大量时间和精力的可怕任务”转变为“‘日拱一卒’的可持续进程”。

创作元素大集结：平滑输出的秘诀

无论是绘制草图、设计幻灯片、拍摄手机短视频，还是在社交媒体上发帖，都是一项能够输出有形副产品的微创作行为。请思考一下，自己在日常生活中经常接触到哪些不同类型的文档或其他内容：

从网络或社交媒体上保存的收藏夹或书签

记录个人思想的笔记或日记

书籍或文章中的重点段落

社交媒体上发布的消息、照片、视频

演示文稿中包含的图表等

论文或应用程序中的图表、思维导图，或其他可视化内容

会议、访谈、谈话、演示记录

对客户常见问题的回复

博客文章或白皮书等文字作品

议程、任务清单、模板、项目回顾等书面计划和流程

当你怀着某种目的创造出一些“半熟素材”后，请保持关注并花些工夫将其收录到你的第二大脑中。这一举手之劳将会使你受益匪浅。

以策划一场大型会议为例。如果这是一次全新的活动，或者你此前并没有大会策划经验，那么看似你不得不一切从零开始。然而，如果你能够将庞大的项目分解成为若干具体模块，那么所需准备的材料便一目了然：

大会议程

有吸引力的分组讨论话题列表

主旨演讲环节的串词

大会的通知邮件

主讲嘉宾和座谈嘉宾的邀请函

大会网站

当然，你可以将这些与会议筹备相关的“半熟素材”列入你的待办事项清单中，并就此展开孤军奋战。不过除此之外，还有另外一种更快更有效的选择。请仔细思考，可不可以通过“拿来主义”和灵活组合等方式完成这些模块，而不必让自己陷入孤立无援的境地呢？

比如说，大会议程不妨引用其他会议的模板，只须将主题和嘉宾姓名略加改动即可；分组讨论话题不妨通过汇编结合听取他人建议的方式予以确定；主旨演讲的串词不妨参考历史活动资料；通知邮件不妨借鉴你曾参加过的会议的相关文档；至于对大会网站的设计，则大可以从你最欣赏的某些会议网页中寻找灵感。

成功案例是创新思想的给养。一个优秀的模板能够将我们的思路引入正确的航向，以免随波逐流。无论你的创作标的是什么，总可以找到大量的实践经验和优质的成功案例。

与我共事过的很多人士都建立了自己的“半熟素材”库——这一点至关重要！你的第二大脑存储着你业已创造和投入使用的信息，而你只须在结构和用途方面进行一定的人为干预。例如将抓取的信息集中存储在笔记应用中以便随时搜索；根据项目、领域、资源等类型，对信息进行科学组织以覆盖日常生活和工作的各个主要层面；对信息进行深度提炼，萃取干货以便快速访问和检索。

只要顺利完成以上前期步骤，那么表达环节将不再是一桩令人叫苦不迭的差事，而是利用各种创作元素进行花式拼搭的智力游戏。

假以时日，随着你对创作元素进行挖掘和组合的能力愈发熟稔，你的职业道路、事业发展乃至生活质量都将变得日新月异。不过从短期来看，这种效应并不明显。针对个体需求来说，我们当然可以临阵磨枪，现炒现卖。不过这种做法的背后潜藏着一些不易察觉但却日益积累的无形成本，例如因对可用资源和既有成果缺乏了解而导致的精力浪费；将持续创作的巨大压力完全丢给不靠谱的生物大脑后，在睡眠、心态和家庭等方面付出的牺牲等。

如何对既有成果进行翻新和再利用

到了信息的“表达”阶段，我们需要锻炼自己快速调取所需信息的能力。此时，一个给力的第二大脑将会令你信心倍增。

下面让我们来仔细探究一下信息的检索过程：如何查找和检索所需的“半熟素材”。

这是一个不容忽视的问题。因为“半熟素材”的储备与未来的项目应用之间存在着很大的不确定性。你随手拍摄的街头海报，也许会成为你设计商标时的灵感之源；你在地铁上偶然听到的一首歌曲，也许会成为你的孩子在校园演出时的优美配乐；你在书中读到的某句煽情表达，也许会成为贵公司开展卫生宣传活动的核心口号。

这些都是可遇而不可求的隔空连线，是创新思想在不同领域之间的即兴跨越，难以预测和筹谋。只有当诸多天马行空的创意融合在一起时，才能催生出这种机缘巧合。

这种天然的不可预测性，意味着在搜索笔记信息时，不能仅仅依赖某个单一的检索系统，而应搭配使用以下四种检索方法。这些方法配合起来的力量远比计算机更强大、比人脑更灵活。你可以逐一加以尝试，直到找出最为有效的组合。

这四种检索方法包括：[1]

搜索[2.]

浏览[3.]

标签[4.]

随缘

检索方法1：搜索

笔记应用中的搜索功能异常强大。正如搜索引擎的出现彻底颠覆了上网冲浪的方式一样，该技术同样适用于对个人知识库的探索。

搜索的一大优点是极为节省时间和精力。只须将你的笔记集中存放，便可通过软件在几秒钟内搜索出全部相关内容。你还可以快速、连续地运行多个搜索，通过关键词的灵活变化，在你的知识花园中顺藤摸瓜。

这种高效、渐进式的搜索方式是笔记应用的亮点所在——你再也不必像传统的文字处理模式那样，每次只能打开和关闭一篇笔记。从某种意义上来说，你的第二大脑中所有的笔记都处于“打开”状态，你只需一个点击或轻触便可对目标内容进行察看或与之互动。

搜索应当成为你检索工具箱中的首选利器。当你对目标信息或多或少有所了解，当你没有将笔记保存在默认文件夹内，或是当你需要查找文本时，搜索工具均可大显身手。不过和每种工具一样，它也存在一定的局限性。如果你对目标信息知之甚少，或是没有默认文件夹可供查找，抑或打算查找图形图像，就需要请出“浏览”工具了。

检索方法2：浏览

如果你采用了第五章介绍的PARA系统管理笔记，那么你大概已经建立起了“项目”“领域”“资源”和“存档”等一系列专用文件夹。

其中，每一个文件夹都是为你生活中的某一特定领域量身定制的专属环境。每一个文件夹都涉猎广泛，从简短的电话记录，到重生于历史项目的“半熟素材”，无所不有。每当行动的号角吹响时，你便可以从容定位至适宜的工作区，迅速获取与当前任务相关的所有资料。

> 哥伦比亚大学教育学院心理学和教育学教授芭芭拉·特维斯基指出：“人类的空间思维能力比抽象思维能力更出色，也更悠久。抽象思维本身难度很大，但幸运的是，人们往往可以通过某种方式将其转化为空间思维。如此一来，便可以利用空间思维取代或支撑抽象思维。”

尽管搜索功能极为强大，但研究发现，人们在很多情况下都极为偏爱手动浏览文件，通过“检阅”的方式查找所需信息。循着文件夹和文件名称所提供的文字线索层层抽丝剥茧，可以让人们对信息查询过程拥有更多的掌控感。浏览操作可以让我们以一种循序渐进、由粗及细的方式发掘目标信息。这种检索方式调用的是更为悠久的、适应物理环境的大脑功能，因而是一种更符合人类脾性的做法。

利用笔记应用内置的多种功能，可以实现对各个文件夹层次结构的一览无余。有些应用还提供了根据不同的参数（例如文件创建日期）筛选目标笔记列表的功能，这就相当于为你的思想演变梳理出一条充满交互性的时间线。有些应用还可以以图像或网络剪辑的方式展示信息，使特色项目更加打眼。大多数笔记应用都允许用户打开多个窗口进行比较，以便更好地总结套路和相互借鉴。

同样地，浏览文件夹也存在着自身局限性。比如，对于项目文件夹来说，有些材料可以提前准备，有些则难以即兴发挥；有时我们很难将一条既定信息归类到最合理的位置。事实上许多笔记的最终用途都难以预料，不过这并没有什么不好，我们超爱机缘巧合！

于是，对于难以预见和推测的情况来说，“标签”便可以大显身手了。

检索方法3：标签

标签是附着在笔记本体之上的特定标识，与笔记存放位置无关。一旦将笔记打上标签，便可通过搜索功能，将标有同样标签的所有笔记一网打尽。文件夹的一个缺点是容易造成各类想法之间的割裂，不利于不同智慧的相互碰撞。而标签则克服了这一缺陷，它可以打破刻板单一的分类，为你的第二大脑注入丰富的关联性，进而鼓励跨学科的课题研究和工作模式。

举例来说，假设你是一位客服人员，在工作期间你注意到，客户往往会反复提出一些同样的问题，于是你决定撰写一份常见问题回答，并将其发布到公司网站上。这显然是一个临时起意的项目，因此之前并没有专门的材料储备。也许你手头上保存了许多关于常见问题的笔记，却又不希望将它们从当前文件夹（项目、领域、资源等）中移出。

此时就轮到“标签”登场了。你可以花十几分钟的时间搜索出与你打算编写的“常见问答”相关的所有笔记，将每一条有用的项目打上“常见问答”的标签，而不必移动它的原始位置。当你收集了足够的材料后，便可以通过搜索“常见问答”的标签，瞬间集齐所有做过标签的笔记。随后你便可以开展更加深入的检视，将可取的观点加以突出显示，并形成撰写提纲。

如何活用“标签”是个人知识管理领域中一个值得研究的课题。虽然正式研究尚未启动，但我已经撰写了一章关于标签的番外篇，你可前往https://www.buildingasecondbrain.com/bonuschapter免费下载。

我并不推荐将“标签”作为信息管理系统的首选，因为给笔记做标签的过程是极耗精力的。相比之下，搜索关键词或浏览文件夹的检索方式要简单得多。不过在一些特殊情况下，当你需要干净利索地实现大量笔记的自动收集、关联和合成，且通过搜索和浏览的方式又难以奏效时，别忘了你还有“标签”这一撒手锏随时待命。

检索方法4：随缘

第四种检索方法是最为神秘，往往也是最为强大的。除了搜索、浏览和标签之外，还存在着一个人类思维难以计划或预测的、充满无限可能的神秘境界。总有一些时刻，我们的脑海中灵光乍现，一连串的奇思妙想如平地惊雷一般喷薄而出，令我们如获天启。这就是创新思想的高光时刻。

我们无法策划任何一出机缘巧合，但却可以为它们的出现创造理想条件。我们将各种不同类型、主题和格式的素材归拢到一起，集中存放于我们的第二大脑中，正是在亲手打造一个不断扩张的创新基因池，从而最大化地推动机缘巧合的不期而至。

由检索行为触发的机缘巧合形式多样。

首先，在使用前三种检索方式时，不妨试着将你的视野进一步拓展，不要仅仅满足于符合搜索条件的特定文件夹，还可以尝试浏览其他相关类别，例如相似的项目、有关联的领域以及其他类型的资源等。

每当启动一个新项目时，我通常都会翻阅5~6个“PARA文件夹”，以查找有用素材。如果此前对于“PARA文件夹”的管理足够细致的话，那么单个文件夹内包含的阅读量并不会太大。如果你使用了第六章中介绍的“渐进式归纳法”提炼笔记，那么仅需关注高亮显示的文字，而不必花费大量时间逐字逐句通读段落。对我来说，重温一篇笔记的平均耗时不到30秒，也就是说，用10分钟左右的时间便可复习20篇以上的笔记。

第二，我们可以通过视觉方式促进机缘巧合，这也是我强烈建议笔记的保存尽量要图文并茂的原因（这是诸如文字处理工具等其他软件难以实现的）。人类的大脑与生俱来便对视觉情有独钟，比如我们对颜色和形状的感知，相比文本来说更为迅速，也更易达成。某些数字笔记应用具有“仅显示图像资料”的功能，这就大大促进了大脑中更为直观和视觉化的部分参与信息交互。

第三，善于交流分享是培育机缘巧合的重要途径。当你向他人展示某种思想时，对方的反应通常是难以预料的。也许某个让你拍案叫绝的设想对于他人来说却索然无味。这并不涉及价值判断，而是为你提供了宝贵的意见参考。反之亦同，你也许认为某件事情不言自明，而在他人看来却高深莫测。这些都是非常有价值的反馈。在与他人的交流中，还可能碰撞出某些让你意想不到的观点、发现某些你原本一无所知的资料线索，或是收获某些第一手的意见、建议。一言以蔽之，我们不但要充分挖掘自己的生物大脑和第二大脑，还应广泛汲取他人的智慧，做到兼听则明。

信息表达的三个阶段：我们应当如何展示工作成果？

在第三章中，我介绍了构建第二大脑以及提升知识管理技能的三步法——识记、联结和创新。

下面让我们通过来自若干学员的真实案例，对上述三大步骤的具体应用一探究竟。

识记：对于目标信息的按需调取

贝尼尼奥是一位来自菲律宾的商业顾问兼奶爸。他致力于构建一个给力的第二大脑帮助自己对欣欣向荣的加密货币领域的发展趋势进行深入研究。此前他也尝试过其他多种信息管理方法，不过始终难以在信息访问的便利程度上打开局面，以至于让自己陷入“反复阅读，反复标记，反复遗忘”的恶性循环中。

后来贝尼尼奥接触了我的课程。有一次他偶然读到一篇关于新型加密货币的文章，于是赶紧摘录了部分内容保存在笔记中。当得知有几位朋友也对此颇感兴趣时，他便利用“渐进式归纳法”，仅仅用了8分钟时间便总结出文章的精华部分，随即与朋友们分享。他在阅读理解这一复杂课题时所花的工夫，为朋友节省了大量时间，也为他们增添了又一个共同的兴趣话题。

用贝尼尼奥的话来说，“我本能般地意识到，如果只是将一篇长文一键转发给朋友的话，通常不会产生任何效果。而我所分享的文字做过重点标记，便于快速浏览。现在我已经为计划中的一篇论文准备了大量素材……这全都得归功于‘信管法则’。”

事实上，并非只有在从事发明创造或撰写鸿篇巨作时，才需要从第二大脑中攫取价值。只要在日常生活中不断收集生动素材，那么你便会拥有更多机会与他人相互分享、相互促进。

联结：小笔记能讲大故事

帕特里克是美国科罗拉多州一所教堂的牧师，他利用第二大脑帮助自己策划各种悼念仪式。对他来说，这是一种通过挥洒创意向生命致敬的别样经历。

帕特里克策划悼念仪式的目标是“通过追述逝者的一生，体现生命的荣耀和意义”。放在以前，这绝对是一项繁重的工程。不过在第二大脑的帮助下，帕特里克意识到，自己只须将从逝者亲人那里采访到的一系列充满纪念意义的主题和故事加以整理和串联即可。

帕特里克的这一领悟彻底改变了他的创作方式。他开始使用智能手机上的录音转文字软件，将他与逝者家属的对话一一记录下来。如此一来，他既能全情投入访谈，又不必担心有所疏漏。他将所有谈话记录、讣告、照片以及其他相关文档全部保存在悼念仪式的项目文件夹中以便集中处理。从此，他也不必再花费5~7个钟头将采访内容全部提取出来，而只须在每次访问结束后，花一刻钟左右的时间，筛选出最为打动人心的部分。

我最喜欢的一条经验法则就是“只启动那些已经完成了80%的项目”。这听上去仿佛是一个悖论，不过我本人的确只会从事那些已经完成了大部分前期工作（信息抓取、组织、提炼等）的项目，从而确保自己永远不会启动一项无法完成的工程。

用帕特里克的话来说：“只把最精华的素材喂给大脑，这对我来说是一种自由；专注地倾听逝者家属回忆往事而不必心有旁骛，是一种自由；将所有信息毫无遗漏地收集起来，是一种自由；而只须将所有素材归整到一起，任务便已完成了80%，这更加是一种自由。”

充满创意的表达，并非总是为了推销自我或开拓事业。人世间还存在一些最美好、最具有创意的行为，那便是通过巧妙地串珠成链，帮助逝者演绎最后一段关于人生的精彩故事。

创新：毫无压力地完成目标

丽贝卡是佛罗里达州一所大学的教育心理学教授，她利用数字笔记制订教学计划和创建演示文稿。

在尚未接触第二大脑之前，丽贝卡总是需要大量的整块时间为她的各种讲演整理思路。不过作为一名事务繁忙的专业人士以及母亲，想要拥有大段大段的整块时间对她来说越来越不现实。

幸运的是，数字笔记帮助她打开了局面。无论是在某个项目的筹备期，还是在获得某种启发的瞬间，丽贝卡都会用三言两语概括出相关的思考，形成一条短小精悍的笔记，添加在她的笔记库里。于是，当她开始正式构思讲演提纲时，便会发现所有的“半熟素材”——绝妙的比喻、严谨的事实、精彩的故事、丰富的图表等——全都触手可及。而她只须将这些有用的笔记和“半熟素材”串联起来，便可大功告成。

用丽贝卡的话来说，“我现在可以自如掌控轻重缓急——我可以优先处理工作、家庭以及个人感情中的要紧事，等等——然后只须关注此时此刻手头正在处理的事项即可”。

无论你正在创作什么——文档、演示、决策或是其他内容——你的第二大脑都是一个极其重要的，可以将点滴智慧聚沙成塔的知识库。它代表着一种创造性的环境，可以随时随地助你开启创新之旅。

无合作，不创新

一提起创新，很多人的脑海中便会浮现出一位孤独的艺术家孑然一身伏案泼墨的画面。我们在潜意识里认为，创新就是要不受任何外界干扰，一门心思燃烧自己，才能铸就杰作。

不过根据我的经验，这根本不是创新的正确打开方式。无论你使用何种媒介进行创作，都难免与他人进行合作。如果你是一名音乐人，那就需要音响工程师协助混音；如果你是一位演员，那就需要一位对你充满信心的导演。即使对于写作这种看似最为独立的创作行为来说，实际上也充满了丰富的社交元素。一部著作的诞生，是作者和编辑共同挥洒才情的成果。

利用“半熟素材”重构我们的工作，并不意味着在更小的施展空间内重复同样的流程——这显然无法释放你真正的潜力。这种做法的背后逻辑其实在于，以更小的切口鼓励更多的共享和协作。

对于发表意见来说，着眼点越小，越容易操作；反过来，对于接受批评来说，切口越小、时间越早，效果也会越好。我们应当利用每一个中间环节上的反馈徐图改进——让它变得更加契合主题、更加引人入胜、更加简明扼要或通俗易懂。

“当局者迷”，是阻碍创新活动的一个深层次原因。因此，只要善于获取反馈，就无异于为自己解锁了第三人称视角，从而可以跳出问题看问题。换言之，接受反馈可以让我们摆脱主观局限，更好地发现工作中存在的问题。

一旦你真正认识到反馈的极端重要性，你便会对其欲罢不能。你会想方设法创造各种机遇与他人分享你的所思所为，并细心观察对方的态度。它还将促使你进一步优化工作流程，以便将反馈环节安排得尽可能早、频率尽可能高。毕竟，收集和糅合他人的建议，远比一个人冥思苦想要简单得多。总之，我们要学会借势借力，将浩瀚的群体智慧网络为己所用，而不要在信息时代里做一名单枪匹马的孤勇者。

有时你可能会发现，第二大脑中的某些笔记具有超乎寻常的价值，值得你反复咀嚼。这些笔记无疑就是你的压箱之宝。不过通常来说，我们难以对笔记的内在价值做到一目了然，只有通过不断与人分享交流，才能让优质的内容引发广泛的共鸣；也只有通过不断与人分享交流，才能发现自身最宝贵的部分。

万变不离混搭

“信管法则”的一个重要的理论基础在于，创造力源自对既有事物的混搭。我们都站在前人的肩膀之上，没有谁能够真正做到“无中生有”。

在《星球大战》和《夺宝奇兵》等动作电影的拍摄过程中，为了高效且低成本地制作一些小型模型，摄制组采取了一种名为“配件混搭”（Kitbashing）的操作方法。具体而言，就是购买一些预制配件并将其重新组合为新的模型。这些预制配件来自二战中的高射炮、美国海军战列舰、战斗机、T-34坦克、潜艇等军事模型，可以为某些特效场景添加纹理质感和精致细节，相比全新设计、订做特效材料来说，既省时又省力。

著名的科普节目《流言终结者》（*MythBusters*）主持人、资深模型玩家亚当·萨维奇对此表示，有些配件实在太万能了，“你会忍不住想要一用再用”。作为工业光魔（Industrial Light & Magic）这一著名电影特效公司的团队成员之一，他对手头上的一副配件情有独钟，在其团队制作的每个模型中几乎都能窥见它的身影。

混搭绝不等于全盘照抄他人的劳动成果，而是充分借鉴其中的闪光部分。例如，网页横幅的形状、幻灯片的布局、歌曲的风格等——所有这些都是你可以放入素材搅拌机中的丰富配料，有待你一键混合为自己专属的佳肴。当然，不要忘了标明所有资料的出处（即使在没有强制要求的情况下）。将荣誉给予有功之人，非但不会淡化你所做的贡献，反而会更加彰显它。鉴于此，你的第二大脑也应明确记录下所有资源的出处，以便有效标记，并在最终的成果中加以引用。

我还记得，第一次听到有人将我的某个工作成果称为“你的作品”时，心中是怎样的一番感受。它让我突然意识到，自己创造了一套具有独立“身份”、可以脱离我本人而存在的成果。这可能是所有创作者生命中的重要转折点——能够以一种超然的态度看待和理解自己的作品。

利用“半熟素材”重构生产力，便是促成上述关键转折的重要一步。从此你不必再将工作视为任务，不必再要求自己每件事都亲力亲为，而是开始从如何配置资产和组装模块的角度思考问题。

当你所拥有的知识资产渐渐展露潜力时，你便可以抽出些时间对其进一步开发，并注意尽量避免短视行为。在开发资产的过程中，请不要单打独斗，而应集思广益、充分向外借力。这种变化所能带来的工作效率提升，远非那些所谓的“生产力提升技巧”所能企及。

即使你现在并未从事写书、设计演示文稿，或是开发架构等工作，也不见得永远和创作绝缘。事实上，你创建的每一个小小的数字制品——电子邮件、会议笔记、项目计划、模板和案例——都代表着整个工作体系的进化方向。它们有如智能有机体内的无数神经元，尽情拥抱各种未知体验，并从中汲取成长进化的动力，不断向着更高阶的智慧形态迈进。

课后思考：真理不外乎创造

我非常喜欢18世纪哲学家维柯的一句名言：“Verum ipsum factum”，翻译过来就是“真理不外乎创造”。

有道是“纸上得来终觉浅，绝知此事要躬行”。如果不付诸实践，那么再伟大的想法也不过只是个想法而已。人的思想如同白云苍狗，变幻无常，如果想要将某种思想发扬光大，那么就必须学会与之共舞。你需要真正甩开膀子，学以致用，通过具体的创作活动强化认知——不要因追求周密而坐失良机，不要因遇到难题而裹足不前，也不要因前路迷茫而首鼠两端。

从你开始试着表达自己的思想，将知识转化为行动的那一刻起，你的生活便发生了真正的改变。你会改进阅读习惯，更加关注与自己正在构建的观点密切相关的信息；你会提出犀利的问题，并不满足于任何含混不清的解释或逻辑漏洞；你会利用各种场合展示自己的作品，因为所有的反馈都将极大地促进你的思考；你会更加慎重地对待职业规划和业务发展，以更加长远的目光，跳出眼前得失，思考终极潜能。

并不是每个人都能成为职业艺术家、网络意见领袖或是商业大亨。然而这并不重要，重要的是，我们同样可以牢牢掌控自己的作品、自己的思想以及在某些领域做出贡献的潜力。我们的作品不必有多么惊世骇俗、妇孺皆知，即使只是亲戚朋友之间的笑谈、同事团队之间的研讨、邻里同学之间的分享。重要的是，你终于有了自己坚持的观点，以及坚决捍卫自己观点的态度。只有对自己的想法足够重视，才能充分获得分享的收益。我们都应相信，即使最微不足道的想法，也有可能改变人们的生活。如果你对此不以为然，那么请试着从你可以想到的一个最不起眼的项目开始，通过你的主观能动性创造出肉眼可见的改观。

如果你收集了大量有关健康饮食的笔记，那么不妨亲自尝试创建一套经典食谱；如果你下载了许多有关项目管理技巧的笔记，那么不妨将这些内容整理成演示文稿与同事们分享；如果你的札记本中充满了丰富的人生阅历和深度的思考感悟，那么不妨通过博客文章或优兔视频为那些与你经历相仿的人士提供帮助。

所有这些自我表达的具体实践，都可以让你的创造力驶入不断加速的快车道。

第三部分

质变时刻

——如何厚积而薄发

第八章

创新也有套路

创新的作品光怪陆离；创新的过程千篇一律。

——西尔瓦诺·阿里蒂，精神病学家，《创新：神奇的混成》（*Creativity: The Magic Synthesis*）作者

我十分有幸成长于一个充满艺术和音乐氛围的多元文化家庭。

我的母亲是一位来自巴西的歌手和吉他手。在我为数不多的早年回忆里，很多场景都是她在古典吉他的伴奏下，用嘹亮的女高音演唱着优美的葡萄牙歌曲。我的父亲是一位出生在菲律宾的职业画家。他总是会用色彩斑斓的水果、郁郁葱葱的景色以及光辉的人物形象填满画布，再挂满房间里的每一面墙，将我们家的艺术氛围拉得满满的。

至于大众刻板印象中那种苦情艺术家的形象——反复无常、难以捉摸、闷闷不乐而又飘忽不定的特质——我倒是从未领教过，因为我的父亲是我所见过最守规矩也最负责任的人。而且这种循规蹈矩丝毫没有影响他创作了不起的艺术作品，甚至还颇有助益。只有见识过他的日常生活有多么严格，才会明白他为何能够在勤勤恳恳养家糊口的同时，还能不断追求自己的创作理想。

父亲说他有一套自己的策略。他用这些习惯和技巧将创造力融入生活的方方面面，并让自己在每次拿起画笔时都能迅速进入创作状态。

在教堂布道时，父亲会一边聆听一边在小本子上涂鸦圣经故事，最终这些草图会演变为一幅2.4米到3米高的大型全尺寸作品；在逛超市时，父亲会将各种奇形怪状的蔬菜收入囊中，在他画静物画时予以借鉴。家里的食物库存也因这些“模特”的进驻而容量倍增；到了晚上，一家人围坐在电视机前时，父亲则会时不时地瞄着起居室墙上挂着的待完成作品，并通过光线和观察角度的变化寻找缺陷。

对于创作，父亲总是胸有成竹且讲求策略。在绘画创作的关键节点上，他总是全情投入，不过他的想象力绝非只在这一节点爆发。其他大部分时候，父亲都在对日常生活中的素材进行收集、筛选、反思以及重组。如此一来，到了创作时，他便拥有了足够的素材以备加工。由于极度重视对创意的日常积累，父亲得以在过去的几十年间创作出数千幅绘画作品，同时还能抽出大量时间陪我们踢球、烹饪美食以及周游四海。

为了更全面地展现父亲的创作过程并对相关启示进行总结，我专门制作了一部有关父亲工作和生活的纪录短片，名为“韦恩·拉克森·福特：成就自我”。

我从父亲那里获得的启发是，在正式开始创作活动之前，必须首先将所有的原始材料收集和整理完毕。我们不能指望自己总是在第一时间迸发出奇思妙想。我学习到的是，创新也好，解决问题也好，都离不开一套能够将创新思想系统转化为直观认识的常规做法。

“信管法则”中的所有步骤都是为了同一个目标：通过运用数字工具，将我们生物性的、易于出错却又创意无限的大脑解放出来，从事它最为擅长的活动——想象、发明、革新、创造。

构建第二大脑，实际上就是对我们的工作方式加以规范。只有在行为方式上更加规范，我们才能获得真正的提高。正如为了强健体魄，必须以正确的方式进行锻炼；音乐家使用标准化的音符和节拍，而不会另搞一套；想要提高写作能力，需要首先遵循拼写和语法惯例（即使有时我们会故意打破语法规则以实现某种特殊效果）等。

信息抓取、分门别类、提炼萃取以及重新拼搭，构成了价值创造的简单套路。这一流程有助于我们迈出知识迁移的关键一步，并随着时间推移而持续受益。

这种标准化的流程便是所谓的创作过程，它符合亘古不变的运行规律，经得起时间的恒久考验。无论在具体的技术手段层面发生多么翻天覆地的变化，只要我们牢牢把握住创作过程所遵循的基本原则，便可以更好地理解创作活动的本质属性。

创新的产品总是不断变化、热点频出的。前两年“照片墙”（Instagram）还风靡世界，没多久便被异军突起的“快照”（Snapchat）抢了风头，如今又是“抖音海外版”（TikTok）大行其道，诸如此类。即使是传统的小说等文艺形式也会随着时代的发展而不断演变。

不过如果我们更进一步，对创作活动的过程进行观察，那么情况便大为不同。我们会发现，创作过程几乎是亘古不变的，历经千年的时光依旧如是。这种更深层次的、超越了特定媒介和创作工具的真谛，值得我们细细品味。

我最初是从“设计思维”（Design Thinking）理论中了解到了“发散与聚合”的模型。设计思维是一种创造性解决问题的方法，它诞生于斯坦福设计学院（School of Design at Stanford University），并在20世纪80年代和90年代由创新咨询公司艾迪欧（IDEO）进一步推广。

以下介绍一种非常重要的创作模式，即“发散与聚合”。

“发散”与“聚合”：关于创新的平衡法则

如果对创作活动的过程仔细观察，便会发现，它总是遵循着同一种简单的模式，即在“发散”与“聚合”之间往复交替。

创作过程的起点是“发散”行为，即为各种可能性打开空间，并考虑尽可能多的选项。正如泰勒·斯威夫特的笔记、特怀拉·萨普的文件盒、弗朗西斯·福特·科波拉的台词本、奥克塔维亚·巴特勒的札记本一样，我们开始收集不同类型的外部灵感，让自己不断接触新观点、探索新路径，并与他人探讨自己的想法。我们的所见所思与日俱增——这便是让自己不断走向“发散”。

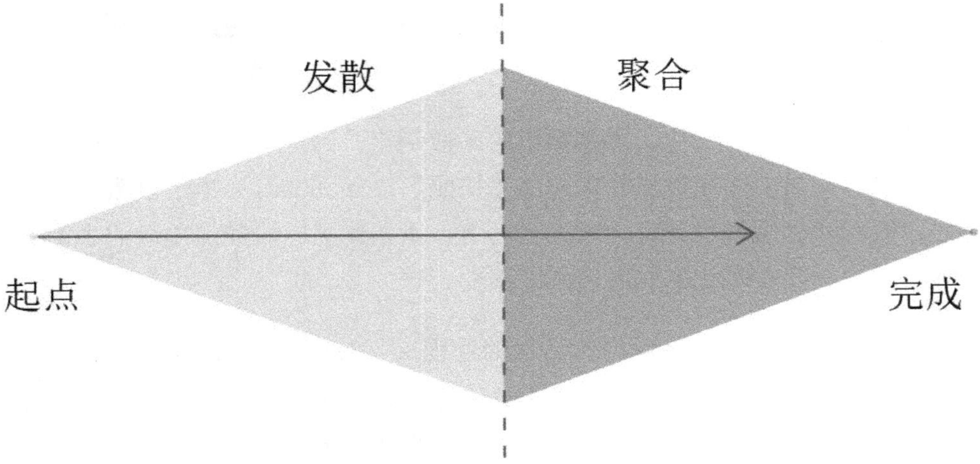

“发散”活动对于我们每个人来说都不会陌生：它是白板上密密麻麻的草图、是废纸篓里塞满的皱巴巴的草稿纸，抑或是摄影棚里散落一地的照片。“发散”的目的是激发创意，因此这一过程必然是自发、无序、杂糅的。在“发散”模式下，我们不可能，也不应当将所有行动都安排得井井有条，因为这一阶段唯一需要做的就是放飞想象的翅膀。

尽管“发散”行为是如此强大且不可或缺，但如果只是一味地“发散”，那么我们便会与目标渐行渐远。正如弗朗西斯·福特·科波拉将《教父》小说里的部分文段标记重点，同时又将另一些文段直接划掉一样。到了某一时刻，我们就必须对各种可能性进行筛选，并朝着某个最终方案靠拢。否则我们就永远无法交付成品、发表结论或是完成创作，进而也无法享受到大功告成后的满足感。

到了“聚合”阶段，我们不得不淘汰各种选择，仔细权衡并最终决定什么才是真正重要的。在这一阶段中，我们不断缩小可能性的范围，着力推动事物进程，并最终促成令人满意的结果。“聚合”行为赋予了我们的工作以生命，使其成为脱离我们本人而独立存在的作品。

对于任何创作活动来说，“发散与聚合”的模型都是基础性的，在许多创造性的领域里都可以觅得它的踪影。

对于作家来说，“发散”就是搜集原始素材、勾勒候选角色以及研究历史事实；“聚合”则是编制故事大纲、设计剧情桥段，以及撰写初稿。

对于工程师来说，“发散”就是探索可能性、测试边界值，以及摆弄新工具；“聚合”则是确定具体方案、推演操作细节，以及将蓝图付诸实践。

对于设计师来说，“发散”就是收集样本模型、与用户交谈并了解其需求，以及构思可能的解决方案；“聚合”则是明确问题、绘制线框，以及将设计思想转化为图形文件。

对于摄影师来说，“发散”就是不断拍摄有趣的事物、将不同种类的照片加以对比，以及尝试新的采光或取景技术；“聚合”则是选定一组照片、归档未使用的图像，以及将自己最满意的作品打印成册。

如果将“信管法则”的四大步骤与“发散与聚合”模型进行叠加，便可以为当今时代的创作活动提供一套强力的行为模板。

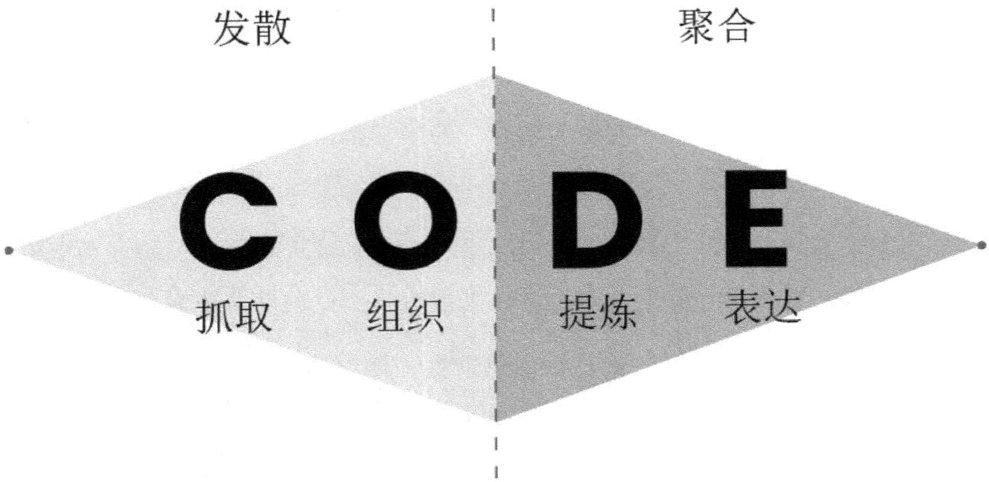

“信管法则”的前两个步骤——抓取和组织，构成了“发散”过程。这一阶段的主题是研究、探索和萌发创意。我们会四处收集想象力的种子，并加以妥善保管。后面两个步骤——提炼和表达，则构成了“聚合”过程。这时，我们停止吸纳新思想，并利用收集完毕的知识模块创建新事物。

成就创造性工作的三大策略

第二大脑是我们的强大盟友，可以帮助我们克服创作过程中遇到的普遍挑战——想要有所作为，却不知从何开始。

我们应当开展更多的研究，还是整理已完成的创作？

我们应当继续拓宽视野，还是让注意力渐渐集中？

我们应当启动新的项目，还是尽快完成现有项目？

为了回答上述问题，我们需要对“发散”和“聚合”这两个模式做出明确区分，才能在每次开展工作时选择正确的模式。在“发散”模式下，我们会尽可能打开视野，探寻每一个可能的选项。我们会尽可能开拓与外界交流的渠道，点击每一个感兴趣的链接，从一处资源跳转到另一处，让好奇心引领着我们的一举一动。如果你决定进入“聚合”模式，那么执行相反的操作即可：关上门、戴上降噪耳机、忽略所有的新消息，然后竭尽所能为手头的工作画上休止符。一旦我们自信具备了足够的创意和资源，那么就是时候向着最终目标展开全力冲刺了。

说起这两个阶段，大多数人可能会在“聚合”模式下经历复杂的内心纠结。

人们的想象力和好奇心越强、兴趣越是多样化、对完美的标准越高、追求越执着，那么就越难让自己从“发散”模式切换至“聚合”模式。为了做出唯一的决定而不得不砍掉大量的备选项，很难不说是一种痛苦。眼睁睁地看着剧本或故事中一个个充满潜力的想法被陆续“枪毙”，这是创作者的可悲宿命，也是创作活动的挑战性所在。

当我们试图完成某项工作，无论是回复邮件、设计新产品、研究报告还是筹集资金时，我们总是倾向于了解更多的信息。无论是打开几十个浏览器标签、订购更多书籍，还是尝试全新的路径，这些行为都充满了吸引力，因为它们很容易被视为某种“生产力”。然而，所有这些看上去很美的推动因素实际上都属于“发散”行为，甚至可能会对项目的如期完成产生阻碍作用。

同样地，“聚合”过程也并非一帆风顺的坦途。我在此推荐三种有力的策略助力创作项目顺利完成。在实施每条策略之前，我们必须首先建立起自己的第二大脑，对信息进行永久保存，并加以自如运用和改造。请将这些策略当作第二大脑中的扩展工具，可以随时利用它们解决问题，或是指引方向。

思想群岛：创作的立足点

每当你启动一个新项目时，无论是撰写培训教材、组织研讨会、策划新项目简介，还是在博客上发布论文，“思想群岛”都可助你一臂之力。它为你提供了一种掌控计划进度的手段，即使对于某些本质上难以预测的任务也同样适用。这一技巧因著名的畅销书作家史蒂文·约翰逊的一段金句而得名。约翰逊如是写道：

在我面前摆放着的不是一张张空空如也的白纸，而是一整套资料翔实的文档，它们来自各种信件、原始文献、学术论文以及我自己的笔记。这真的是对抗拖延症的绝佳技巧。在掌握这种技巧之前，我往往会为了一个新的章节而拖延数周时间，整个大脑如同浮云一般虚无空荡。现在，每当我开启一个新篇章时，各种素材便如同星罗棋布的群岛一样围绕着我，而我只须在各种“岛屿”之间搭建好桥梁。如此一来，创作活动也变得不再那么令人望而生畏。

所谓的“群岛”，指的是海洋中由于长期的火山活动而形成的一系列岛屿。例如位于太平洋上的夏威夷群岛，便是由绵延2400千米的8个主要岛屿组成的群岛。

为了构建一个“思想群岛”，我们需要在“发散”阶段收集足够的想法、素材以及观点，以便支撑计划创作的文章、演示文稿或是其他作品。一旦收集的信息量达到关键水平，便应果断切换至“聚合”模式，在素材之间进行合理的穿针引线。

以下案例是我为了撰写一篇关于札记本的深度文章而创建的一个“思想群岛”。

札记本

札记本

关于札记本的7个要点

· **札记本，**顾名思义，就是**将阅读过程中发现的有趣或充满启发性的内容加以摘抄，从而形成的个人知识百科全书**。

· **哲学家约翰·洛克自1652年，也即他本人来到牛津大学的第一年，便开始使用札记本。**

• 洛克札记本的精妙之处在于，它既保证了信息查询时有章可循，又使得整个札记本呈现出一种灵动不羁的风格。

通过挖掘札记本实现快速写作

• 札记本：集中式、个性化，且持续更新的信息库

• 以画家查克 • 克洛斯为例，他将巨大的画面分割为细小的栅格，然后每次完成一个小格："我将一小份一小份的颜料堆叠在一起，然后**自上而下、自左至右地上色，画作便逐渐呈现出来——这种方式很像是在制作棉被或是某种织物。**"

如果你的笔记应用可以与电脑进行同步，那么所有的笔记都会被保存在硬盘中，让你即使在脱机状态下亦可持续开展工作。

笔记中带有下划线的链接（在我的笔记应用中显示为绿色）指向了研究资料的来源。不过点击链接后，并不会显示原文所在的网页（这样很容易造成混乱），而是会跳转至第二大脑中的另一份笔记，其中包含有关该资料来源的所有注释。在那里，我会找到自己可能需要的所有细节以及原始作品链接。

对于每一份源文件，我都只复制和粘贴与项目相关的有用信息。如上例所示，此类"思想群岛"既包括外部信息，又收录了记录者本人的想法和经验，从而实现两全其美的效果：呈现在我面前的内容是我最关心的要点，而只需一个点击，便能获取全部细节。而利用"渐进式归纳法"进行加粗和高亮处理，则可以帮助我一眼抓住最有趣和最重要的部分。

"思想群岛"技术是对历史悠久的创作大纲的现代化重塑——将相关要点一一罗列出来，待到用时，便将它们串联在一起。上例中的笔记便是我在"聚合"模式下，也即文章初稿的收尾阶段所喜闻乐见的参考资料。

以数字笔记而非书面形式构建创作大纲具有许多明显的优点：

数字大纲更具延展性和灵活性——你可以自由添加或删除项目符号、对文字进行重新排列布局、加粗和高亮处理，还可随着想法的改变而进行相应的编辑；

数字大纲可以链接至更富细节的内容——你不必将所有细节挤满同一个页面，而可通过设置链接跳转至私人笔记或网上的公共资源，从而让创作大纲更加简明扼要；

数字大纲是交互式、多媒体的——除文本之外，你还可以添加图像、动图、视频、附件、图表、复选框等；

数字大纲是易于搜索的——即使内容再多，你也可以使用强大的搜索功能，瞬间调出所需内容；

数字大纲的访问和编辑不受空间局限——与纸质笔记不同，数字大纲可以在你的各个设备之间实现同步，也可在任何地方进行察看、编辑以及增删。

“思想群岛”可以帮助你完成生物性大脑难以同时兼顾的两项活动：选择想法（简称“选择”）与逻辑排序（简称“排序”）。

之所以说上述两项活动难以同时进行，是因为它们需要不同的思维模式：“选择”属于“发散”行为，它需要海纳百川的开放心态；“排序”则是“聚合”行为，需要将心思收敛，只专注于既有的材料。

“思想群岛”的目标在于，帮助你摆脱“从零开始”的茫然无措，提供一系列立足点以供你顺利起步。你可以选择将哪些要点和想法添加到自己的创作大纲中，随后通过一个单独的步骤，对这些要点进行重新排列，理顺逻辑。如此便可大幅提高“选择”和“排序”两大活动的效率，降低精力耗费以及外部干扰。

我们不应两手空空地开始工作，而须提前做足功课——充分利用第二大脑备妥丰富的素材与观点。

海明威之桥：朝花夕拾

欧内斯特·海明威是20世纪最著名和最具影响力的作家之一。他简洁明快的文风对一整代文人产生了深远影响，他于1954年荣获诺贝尔文学奖。

对于该策略的另一种理解方式是“以始为终”，这是对作家史蒂芬·柯维的经典名言“以终为始”的巧妙改写。

除了脍炙人口的大量作品外，海明威还因其特有的写作策略而闻名，我愿称之为“海明威之桥”。具体来说，一旦他明确了后续章节的写作思路，便会立刻停止当前章节的写作。换言之，他会在新思路诞生的第一时间切换至该部分的写作，而非等到当前的文思耗尽才转至下一阶段。海明威用今天的思路和精力为明天的写作注入动力，这种策略使得他每次开始写作活动时都能做到有的放矢。用形象点的话来说就是，为自己搭建了一座通往未来的桥梁。

你可以将海明威之桥想象成联结“思想群岛”中诸多岛屿的一座座桥梁。坐拥众多的思想“岛屿”只是第一步，更具挑战性的工作是让它们彼此联结并转化为成果——一篇作文、一份活动设计或是一场商业宣传。海明威之桥是创意的小鹿在思想岛屿之间尽情跳跃的有力保障，你可以将若干精力和想象力储备起来用于后续阶段的创作。

如何打造海明威之桥呢？请不要在某一阶段的工作中耗尽全部精力，而应留出时间，在你的数字笔记中写下以下内容：

下一步的想法：在某一工作阶段结束前夕，写下你认为下一步可能采取的措施；

当前的状态：包括当前最大的挑战、最重要的未决事项或是你所预见的某些阻碍；

易被遗忘的重要信息：例如故事人物的性格特质、某一场景事件中的伏笔，或是产品设计中的个人巧思等；

下一阶段的工作目标：下一步计划、待解决问题、某个关键目标。

下一次——无论是第二天还是几个月后，当你开始继续推进工作时，你都具备了一系列充分的落脚点和行动基础。我经常发现，自己的潜意识一直在后台工作，帮助我改进各种思路。当我回到工作项目时，往往可以将既有思路与潜意识灵感结合起来，实现某些创造性突破。

为了将这一策略运用得更为深入，你还可以在每天的工作告一段落后，将草稿、测试文档或提案发送给朋友、家人、同事或合作者，与他们分享这些“半熟素材”，告诉他们工作的进度，并向他们征询意见。如此一来，下次重返工作时，你的资料库中便会增加许多来自亲朋好友的意见建议。

压缩范围：力求小而具体

我推荐的第三条策略就是“压缩范围”。

“范围”是我在硅谷工作期间从软件开发人员那里学习到的项目管理术语，它是指软件程序可能包含的全部功能。

假设你正在设计一款健身应用。你勾勒出一个美好的愿景：它将可以实现健身行为追踪、卡路里计算、健身房搜索、健身进度一览，甚至可以通过社交网络与他人互动。这是多么惊人的应用哇，简直足以改变人们的生活！

和许多雄心勃勃的人一样，一旦深入了解细节，你便会发现这些功能背后隐含着多么复杂的机制。你必须设计用户界面，还要构建后台系统以维持正常运作；你必须雇佣一大群客服代表，还要培训他们如何解决问题；你必须建立一整套财务系统，还要保证资金可控及合规。此外，你还需要担负员工管理、投资者维护以及长期战略策划等职责。

通常来说，软件开发团队为了应对这种日益复杂的局面而采取的策略便是“压缩范围”。他们不会轻易推迟应用程序的发布——这种拖延只会影响他们的认知进度，而且在无比激烈的竞争环境中可能会造成灾难性的后果。取而代之的是，随着发布日期的临近，开发团队会对软件功能进行压缩，比如将社交功能延至后续版本、砍掉健身进度表的交互功能、完全取消健身房搜索模块等。总之，那些难度最大、成本最高、充满不确定性和风险，以及与核心目标无关的功能，都会成为第一批遭到缩减的对象。就像在放飞热气球时，要不断地将冗余物件抛出球体，才能轻装起飞。至于那些惨遭缩减的功能，都可以在未来的更新中陆续加入。

上述原理对于我们这些脑力工作者的职业发展来说有何可借鉴呢？

实际上，我们也总需要在严格的时限内完成各种复杂的工作。我们的时间、金钱、精力以及其他资源也极为有限，换言之，我们不得不在各种限制条件下开展工作。

当充分认识到某些项目的极端复杂性后，许多人会选择踟蹰不前，尤其对一些兼职项目来说更是如此。我们总是会用“时机尚不成熟”为自己开脱，殊不知拖延所带来的问题远比它能够解决的要多得多。随着今天拖明天、明天拖后天，我们曾经的雄心壮志开始渐渐消退，原本打算成就的一番事业也与我们渐行渐远，或是被无情的时代所淘汰。一拖再拖之下，曾经并肩作战的伙伴们不得不各奔东西；曾经引领潮流的技术也错过了好几轮升级，而日常生活中的纷纷扰扰，却未见丝毫减少。拖到最后的结果，往往就是失去我们本应收获的各种成长。

这里的问题并不在于缺乏时间，而在于如何缩小范围。我们完全可以将项目的范围压缩在可控的规模之内，事实上这也是确保成功的必由之路。

我们不应坐等所有的准备完全就绪才展开行动，正如不应坐等所有的交通灯同时变绿才发动汽车一样。理想中的完美状态是等不来的，总会挂一漏万，总会贪心不足。而选择“压缩范围”的策略则表明我们已经认识到，对于一个项目来说，并非所有的组成部分都同样重要。学会放弃、削减，或是推迟那些不太重要的部分，我们便可坦然应对紧迫的时限，不断取得新的突破。

我们的第二大脑正是这一策略的关键环节，因为我们需要将被移除或延迟的部分加以妥善保管。

比方说，我们可能需要从某篇文章中删除几个句子乃至整个段落，或是需要从某段视频中删除若干镜头，抑或为了控制演讲时间而精简某些观点，以上这些对于创作活动来说都是再正常和必要不过的了。

然而这并不意味着我们只能彻底抛弃这些材料。第二大脑的一大妙用便是收集和存储这些丢弃的璞玉，以待日后其大放异彩。例如从某场演示中剪去的某些页面，也许能够改编成为社交媒体的帖子；从某篇报道中删除的某个观点，可能会成为大会演讲时的亮点；从某场会议中排除的某项议程，可能会成为下一场会议的出发点。我们永远无法预知，从一个项目中去掉的冗件，会不会成为激活另一个项目的关键，毕竟这个世界的可能性如此无限。

当我们清楚地意识到，所有写过的文字和创作过的东西都不会付诸东流，而是会在今后的某个时刻闪闪发光，那么我们便会满怀信心地对自己的作品进行大刀阔斧的精简，而不必担心之前的努力或思考的成果白白浪费；当我们清楚地意识到，我们可以通过发布补丁、升级或是后续更新等方式完善历史作品，那么我们便会满怀勇气地与他人分享自己的创意，即使它们并不完美，即使我们的思考并不成熟。学会分享自己的不完美，将会成为我们职业道路上最具颠覆性的力量。

无论你正在创作什么，总能够找到一个更为浓缩和精简的版本，以便在极短的时间内实现大部分价值。以下是一些实例：

如果你想写一本书，那么可以先压缩范围，从一系列表达你核心思想的在线文章写起。假如你没有时间这样做，不妨进一步压缩，从社交媒体帖子开始，阐述你的主要观点。

如果你想举办一场付费用户研讨会，那么可以先尝试一场本地的免费研讨会，或者进一步简化为少数同事或朋友参与的团建活动或读书会。

如果你想拍一部微电影，那么可以从优兔视频入门。假使这听上去仍然太难，那么可以尝试直播。倘若还搞不定，那么请先在手机上制作一个粗略的剪辑并转发给朋友。

如果你想为一家公司设计品牌标识，那么可以先从网页建模开始。当然还可以进一步简化为根据你的设计理念手绘草图。

假如没有来自客户、同事、合作者、朋友的反馈，我们又该如何明确创作思路？反过来说，假如不向他们展示具体的作品，我们又当如何获取他们的反馈呢？这便是创作活动中的“鸡与蛋”问题：我们无法脱离需求创造作品，我们同样也无法脱离作品了解需求。“压缩范围”的策略为我们提供了一个摆脱困境的渠道，利用小而具体的作品进行试水，从而在不断探索新边界的过程中，为天生脆弱的创作活动提供庇护。

“发散”和“聚合”并非线性顺序，而是循环往复：一旦你完成了一轮“聚合”，便可带着满满的经验进入一个新的“发散”周期。如此周而复始、迭代前行，直到作品完工或任务完成。

发散与聚合的原生态：关于住宅改造项目的幕后故事

我将通过以下自己亲力亲为的一个项目——将车库改建为家庭工作室的案例，展示如何对三大策略加以运用：

当我和妻子搬进新家，我们很快意识到，工作空间亟须改善。我们俩都需要居家办公，然而小得可怜的卧室实在有些捉襟见肘，尤其是在我们的儿子出生以后。于是我们兴冲冲地计划着如何将车库改造成家庭工作室。为此我创建了一个专门的项目文件夹，于是就这样开工了。

我首先构建了一个“思想群岛”——将该项目的主要问题、考虑因素、期望功能以及限制条件等列成一个大纲。以下是我在经过15分钟的思考后列出的纲要：

项目摘要：福特学术工作室

项目摘要：福特学术工作室

简介

- **极致多功能、模块化、灵活适应需求变化**
- **可同时用作会议空间/家庭办公室**
- 如何享受居家办公：来自蒂亚戈的十大**居家办公**建议
- **盥洗室/附属居住空间单元**
- **还能容纳一个迷你餐厅么？**

成本

设想

- **虚拟互动体验**
- **将个人与数字世界紧密相连**
- 给我带来最大启发的两个视频分别是托尼·罗宾斯的《释放你的潜能》（视频链接）以及网络魔术师马可·坦佩斯特在家庭工作室内发表的主旨演讲（视频链接）
- 关于现代化学习的推特风暴

阶段/时间线

- **阶段1：车库改造/家庭办公室**
- **阶段2：演播室**
- **阶段3：录音室**

网络视频会议环境搭建需求/背景幕布

- **采用深色背景以彰显厚重主题**
- **设备**

我此前并不知道这份大纲需要包含哪些项目，但随着自己的思路被一一转化为文字，情况很快便一目了然：简介、成本、设想、阶段、美学、视频会议设置、设备以及开放式问题等。我利用第二大脑，对“家庭办公室”和“家庭工作室”等术语进行了多次搜索，并找到了一些可以立刻投入使用的笔记。例如，我找到了一份笔记，上面记载着一位精通工作室设计的朋友（前文有所提及）所提供的若干建议；还有一些照片，拍摄的是我和妻子十分向往并试图借鉴的一家位于墨西哥城的精美咖啡馆；另外还有一套教程，阐述了关于主持网络视频会议的最佳实践，包括如何选择合适的照明和背景以营造专注氛围等。我将相关链接都附在了大纲末尾。

当然，现有材料与项目需求还存在不少差距。于是在接下来的数周内，每当我得空时，便会设法收集与家庭工作室改造相关的点滴信息。比如我在“品趣志”（Pinterest）平台里下载了许多看起来十分清爽的家庭办公室照片，制作了一份与音乐家朋友探讨隔音效果的谈话记录，并从邻居那里获得了一份本地承包商的联系名单。我甚至还通宵狂刷了数十段关于工作室搭建的优兔视频，认真记录“将闲置空间转换为多功能办公场地”的细节操作。

因忙于管理业务和照顾家庭，我可用于改造工作室的时间少得可怜。不过只要能抽出时间，我便会拿出最近收集的笔记，一边阅读一边标记和提炼重点，并记录学习进度以供下次参考。通过这样的方式，我创建了一系列海明威之桥，将这些看似鸡肋的碎片时间串珠成链，从而激发出更加强大的生产力。

最后，当所有的思考、设想、期望和梦想叠加在一起时，我们的项目便迎来了一场“核爆”。不知不觉间，我们的目标已经扩展到为了改善采光而敲墙凿顶，为了搭建超高速网络而铺设管线，以及为了拓展空间而重构后院布局。我们的思绪有如滔滔江水，连绵不绝，一发而不可收。

此时，“压缩范围”的技巧便起到了定海神针的作用：我们挑选出那些最为不切实际的想法，并决定将它们留待日后条件更加成熟时再付诸实践。我和妻子还为该项目设定了诸如预算和时限等约束条件，帮助我们将项目范围压缩在更加合理且可控的水平。如此一来，寻找承包商以及确定平面户型图等后续工作便水到渠成了。

课后思考：快刀斩乱麻

如果你对上述项目推进方式跃跃欲试的话，那么现在就是最佳时机了。

首先选择一个标的项目，它可以是你在第五章学习项目分类时整理出的某个项目，也可以是你一直希望（或是必须）执行的某个计划。而选择的项目越新奇、越充满不确定性或挑战性，效果就越好。

接下来，编制一份行动大纲，列明你的目标、意图、问题以及关于该项目的思考。可以先将脑海中所有现成的想法一一写下，然后再根据PARA系统的分类原则搜罗相关的笔记和“半熟素材”，包括从历史笔记中提炼的要点、从样式范例中获得的启发，以及从最佳实践中总结的套路，等等。

以下是一些有助于信息搜索的启发性问题：

能否从某本书或某篇文章中提取一些具有启发性的摘录？

有哪些资源丰富的网站可以利用？

有没有适合在通勤或做家务时订阅和收听的专家播客？

能否从你参与过的历史项目中发掘某些“半熟素材”？

你所收集的各种素材，可能有些简洁明了，有些则相对粗糙。这没有关系，你唯一的任务就是将所有充满潜力的素材归集在一起。然后再将这些笔记和“半熟素材”全部移至一个新的项目文件夹中。

给自己安排一段固定时间，例如15或20分钟，然后一鼓作气，利用此前收集的各种笔记完成项目的第一道工序。不要在线搜索，不要浏览社交媒体，也不要急于打开网络浏览器，只须利用现有资源开展工作。这一道工序的成果可以是一个计划、一项日程、一纸提案、一张图表或是其他任何将你的想法转化为有形载体的形式。

在这一过程中，你可能会经历某种“错失恐惧症”（FOMO）。这种“害怕错过”的焦虑情绪会让你产生“还要多做功课”的念头，从而忍不住想要通过其他渠道搜集信息。不过请提醒自己，不要试图一口气吃个胖子。你不过是在完成一个雏形——某篇论文的初稿、某套软件应用的草案，或是某场活动的计划。请问问自己：“如何创作一份最为简洁的征求意见稿呢？”

如果你发现这份草稿无法一蹴而就，那么不妨试着搭建起海明威之桥以便日后跟进。请列出各种开放式问题、未竟事项、新的探索路径或咨询对象。在你暂别项目之际，将当前的工作进度与他人分享，并将对方的反馈记录在同一项目文件夹中。至于征询意见的方式，可以是与可靠同事之间的私密对话，可以是社交媒体上的公开征集，或是介于二者之间的任一形式，只要你觉得合适就好。

如果你在项目的执行方面遇到阻力，那么可以尝试压缩项目范围。放弃那些无足轻重的功能，把最具难度的环节适当延后，或是将自己并不擅长的部分外包出去。

在上述过程中，一定要将自己一路以来的所学所见以及发掘出的“半熟素材”统统记录下来。一旦你的生物大脑被这些笔记所激发，那么你今后无论置身何处，都会格外留意与之相关的迹象与线索。别忘了将这些线索也记录下来哦！当你完成了初稿编制、意见征集以及新一轮的笔记积累后，前方的任何挑战对你来说都将不在话下。

第九章

数字信息管理者的必备习惯

习惯可以减轻认知负荷，释放思维能力，从而有利于注意力的合理分配。只有让生活变得更加简单，才能为自由的思考和创作腾出足够的心理空间。

——詹姆斯·克利尔，《掌控习惯》（*Atomic Habits*）作者

你的第二大脑是一套提高生产力和创造力的实用系统。

虽然生产力和创造力常被视为一组相互排斥的对立面——一个是具体明确的，另一个则是抽象开放的——但在我看来，二者却是相辅相成的。当我们的生活井井有条且务实高效时，便会为创造力的释放打开空间；当我们对创作过程胸有成竹时，便不会太过纠结自己是否走对了方向，从而大大缓解了精神内耗。

这种秩序与创意之间的平衡，是在构建第二大脑的过程中需要刻意植入的理念。与其他任何系统一样，第二大脑也是需要定期维护的。你一定希望自己的数字世界也能保持良好的秩序，如此一来，当你置身其中时，这一虚拟空间才会为你的工作带来助益而非困扰。

有条不紊并非某种天生的性格特质，也并非找到合适的管理程序或工具就万事大吉。守序是一种习惯，一套可复制的信息处理运用法。如果我们总是漫无章法地搜寻笔记、草稿、其他资源或是进行头脑风暴，那么不但费时费力，而且会消磨工作热情。在“信管法则”的每一个步骤中，都可以通过培养某些习惯帮助我们变得更有条理，从而为创造力的迸发提供更加广阔的空间。

为可持续的生产力“备餐”

让我们看看餐厅的厨师们是如何工作的。他们对菜品的质量和数量要求严苛，连每道菜的每种食材都力求完美——一块半生不熟的牛排可能导致整道菜被客人退回，而最忙碌的时候，厨师们可能需要在一个晚上制作出数百道菜肴。

对于质量和数量这对基本矛盾，作为脑力工作者的我们同样感同身受。我们必须快速、持续地以极高的标准完成工作，日复一日、年复一年，既要像短跑一样高速，又要像马拉松一样持久。

所幸厨师们拥有一套特别的程序完成这项艰巨的任务。该程序被称为“餐前准备”，起源于19世纪末的法国，是一套高效制作优质食物的操作步骤，也是一门放之四海而皆准的烹饪哲学。厨师们不可能为了整理厨房而停止烹饪，于是他们学会了如何在备餐的同时保持工作环境整洁有序。

这意味着他们需要培养一些小习惯，例如总是把搅拌勺放在同一位置以便下次拿取；刀具随用随擦；按照使用顺序排列配料，以便定位等。

厨师们运用“餐前准备”——饱含哲理和智慧的实用技术，作为“外部大脑”。它可以让他们将抽象思维与外部环境有机结合，实现烹饪过程中机械重复环节的自动化，从而让自己完全专注于创造性的工序。

“餐前准备”程序对于脑力工作者来说大有借鉴意义。我们同样必须在变动的环境和紧迫的时限内应对大量任务；我们同样面对着源源不断的信息输入和诉求，没有太多时间处理，甚至还要同时兼顾多个需求；我们也同样只能在执行常规工作的间隙开展系统维护工作。

我们无法奢求停下一切工作获得一段专属时间，彻底重构我们的数字世界。老板不大可能因为员工折腾了一整天系统便对其刮目相看，相反，如果因为“系统维护”而让客户吃了闭门羹，那么我们的饭碗也就快不保了。谁都希望这个世界能够暂停片刻，好让自己稍做喘息，然而这并不现实。我们往往会等到系统故障时才开始进行维护，然后再将一切归咎于缺乏个人自律或是内卷得还不够彻底。

构建第二大脑不仅是下载某个新软件，并让系统保持一时的整洁。它更加意味着采用一种动态、灵活的系统并养成一套能够持续获取信息，同时保持环境（以及思想）井然有序的良好习惯。

在保持内心守序的同时，我们还须遵循一套外部秩序——由基本原则和行为准则构成的规则体系。这一体系将对我们的精力和思绪加以有效引导，从而使我们在应对瞬息万变的信息乱流时更加有章可循。

在本章中，我将向你介绍三种好习惯，你可以将它们与日常生活有机结合，以确保你的第二大脑运作良好。其中每一种习惯都会帮助你从时间、空间、意愿等方面为自己画出相应的心理舒适圈。这种范围限定将有助于你分辨应当关注什么，又应当忽略什么（后者与前者同样重要）。对于构建第二大脑来说，最重要的三种习惯分别是：

项目清单：确保项目从启动到收尾整个过程的前后一致性，并强化成果运用；

每周和月度小结：定期回顾你的工作和生活，并决定是否需要做出改变；

处处留意：不失时机地对笔记进行编辑、标记或位移，进一步提升其“可见性”。

你可以将这些习惯视为第二大脑的维护计划。正如你为爱车制定了保养计划，提醒你定期更换机油、轮胎以及空气滤清器一样，你的第二大脑偶尔也需要保养一下，才能长期处于良好状态。

接下来，就让我们逐一认识一下这几种习惯吧。

项目清单：通往知识快车道的金钥匙

从最基本的层面上来看，知识工作就是摄取信息，并将其转化为相应成果的过程。我们每天都在不断地消费和生产，这些都是顺理成章的活动，自然用不着什么第二大脑。

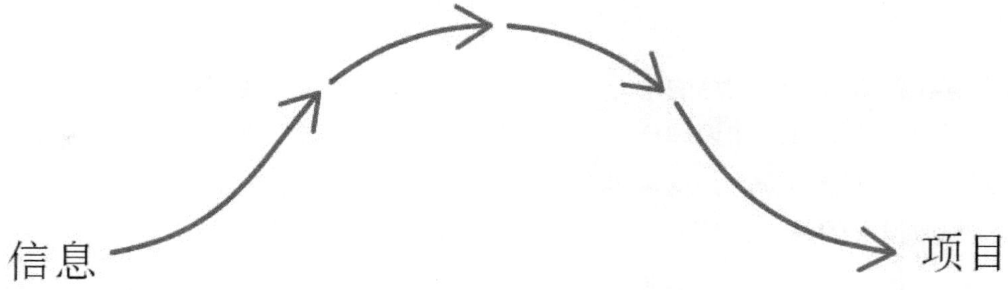

不过很多人都忽略了一点，那就是在这条看似线性的活动轨迹中，其实还隐含着一条“反哺”的回路——将以往生产过程中所创造出的知识予以“回收”，以供未来使用。这就好比投资者对待金钱：他们不会将投资收益一次性花光，而是会从事再投资，如此一来，财富便会如同滚雪球一般越来越大。

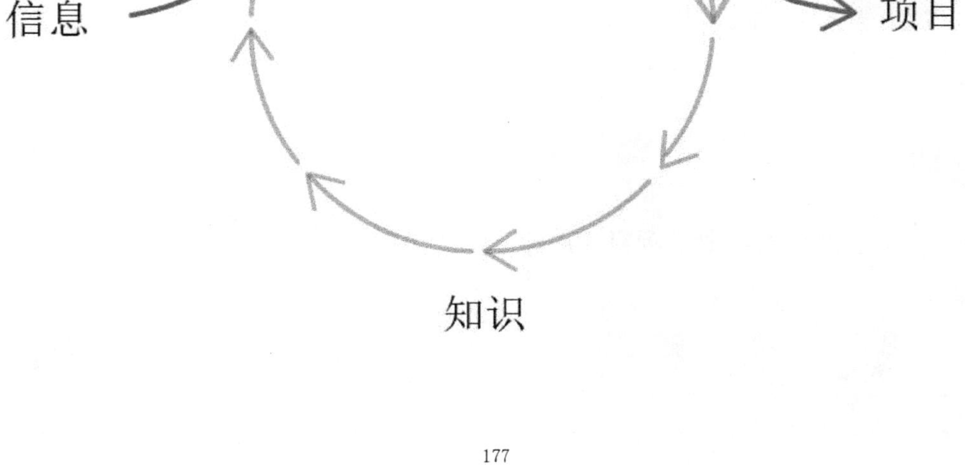

这正是我希望引起你注意的地方——资产可以带来回报，而回报又可作为再投资创造其他价值。知识同样也可以随着时间推移而产生收益和复利，从而成为一种高回报的资产。就像每个月都在股市里投入一小笔资金一样，你在知识领域投入的每一分精力，都让你变得更加博学和聪慧。

通过进一步的观察可以发现，在“知识回收”过程中有两个关键节点，或者说两个分岔路口，这也正是你可以做出改变的机会窗口。

这两个关键节点就是项目的启动和收尾时刻。前者对应的是“项目启动清

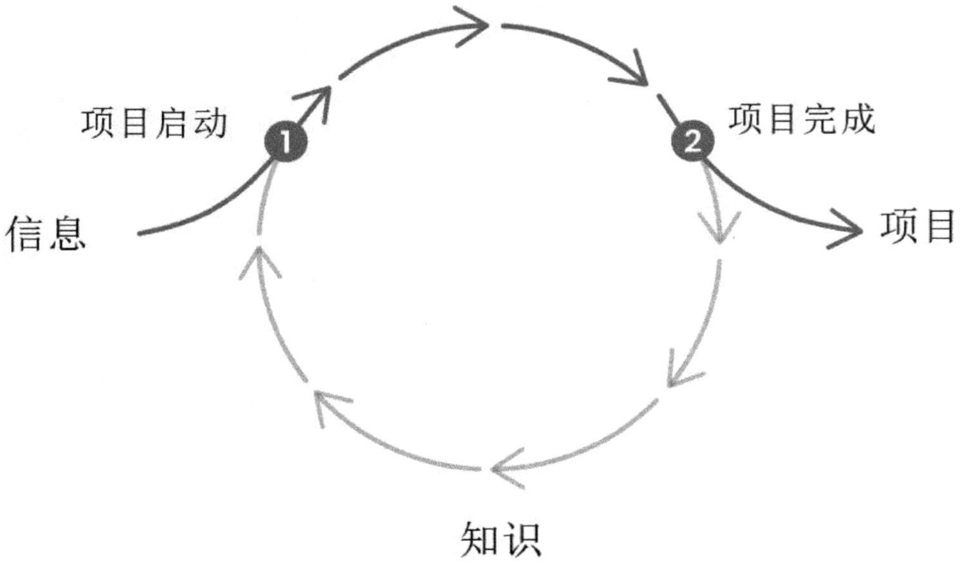

单”，而后者则对应着“项目完成清单”。以下将分别介绍。

清单1：项目启动

航空公司的飞行员会在起飞前执行一份“飞行预检单”。该清单列明了所有需要检查和准备的事项，足以确保飞行员完成所有必要步骤，而不必担心生物大脑没有记全。

与之形成鲜明对比的是，大多数人在启动项目时表现得相当随意。他们也许会通读一遍手头的笔记和文档以寻找相关素材，也许不会；他们也许会和同事们探讨经验教训，也许不会；他们也许会制订一个行动计划，也许不会。每个项目能否实现良好开局，或多或少取决于运气。

在第五章中，我们已经学习了如何按照“以项目为中心”的方式安排工作。每一个目标、每一次协作、每一件任务都可以被项目化，从而能更直观、更聚焦、更有方向感地予以把握。如果我们将这些项目视作极为重要的精力投资，那么在项目的启动环节就应做到有条不紊。这就是“项目启动清单”的必要性所在。

以下是我自用的一份启动清单：[1.]

记录有关该项目的现实想法；[2.]

检视可能包含相关笔记的文件夹（或标签）；[3.]

全盘搜索相关术语；[4.]

移动（或标记）相关笔记至项目文件夹；[5.]

撰写笔记大纲和项目方案。

1. 记录有关该项目的现实想法。我常常发现，当一个项目尚在构思阶段时，我便已经积累了若干观点和看法。此时我会新建一个空白笔记，接着开展一轮头脑风暴并将所有的想法统统记录下来。随后，这份初始笔记会被移至一个新的项目文件夹中，与日后创建的相关笔记一并存放。

这一步可能略显混乱，这是情理之中的，因为其中混杂了我所有的随机思考、潜在对策、横向联想以及外部建议等。

在开展头脑风暴时，我经常采用以下一些问题提示思路：

我对该项目了解多少？

我还需要了解哪些信息？

我的目标或意图是什么？

我可以向谁征求意见？

我可以借鉴或听取哪些想法？

我会将相关想法以要点形式记录在原始笔记中，使相关信息一目了然，且便于编辑和移动。

2. 检视可能包含相关笔记的文件夹（或标签）。第二步，我会察看手头所有文件夹，寻找可能与启动的新项目相关的信息，包括模板、大纲以及历史项目概况等。PARA系统和“渐进式归纳法”在这一过程中发挥了巨大作用。此前我已建立了一系列文件夹，每个均包含若干精心编制的笔记，且标记了重点要点以便快速回忆相关内容。我从中挑选了一堆看上去与新项目最相关的文件夹——“项目”“领域”“资源”“存档”等类别均有涉及。接着我便开始快速通读这些笔记，并从中寻找感兴趣的内容，整个项目一气呵成。此外还须注意，执行此步骤时不宜进行头脑风暴，想法太多只会对当前工作产生干扰。

3. 全盘搜索相关术语。第三个步骤是搜索可能错过或遗漏的笔记。有时候，宝贵的想法会隐藏在意想不到的地方，仅凭单一的浏览方式难免有所疏漏。

在这一步中，我采用了“管理者视角”抓取有价值的信息——由于第二大脑中的每条笔记都经过精心打磨，因此我的搜索结果中无一不是质量上乘且干货满满的内容，这与互联网上的搜索形成了鲜明对比。互联网上充斥着干扰性的广告、误导性的标题、肤浅的内容以及毫无意义的干扰，很容易令人晕头转向。

具体而言，我会以项目相关术语为关键词，进行一系列搜索，仔细检视结果，并实时跳转至相关笔记内容。“渐进式归纳法”可以帮助我对笔记内容做一概览，而不必一字不漏地通读全文。

4. 移动（或标记）相关笔记至项目文件夹。第四步是将第二步和第三步中收集的所有笔记转移至项目文件夹中，而该文件夹自然是以新项目命名。作为备选方案，你还可利用笔记应用的某些功能，将项目相关笔记打上标签或建立链接，如此便无须变动笔记位置。笔记存放在哪个位置并不重要，重要的是你能够在埋头于项目的同时快速调取这些参考资料。

5. 撰写笔记大纲和项目方案。最后，我们需要将所有素材加以整合，并编制一份项目大纲（“思想群岛”）。我认为，仅仅将一大堆想法七拼八凑在一起是不够的，还需构建一套逻辑清晰的行动规划以明确后续任务。

该大纲的形式取决于项目性质。对于论文或报告来说，大纲可以是要点或小标题的罗列；对于（与同事或外部承包商的）合作项目来说，大纲可以是合作目标以及各方责任清单；对于旅行计划来说，大纲可以是随身行李列表以及日程安排等。

在制作项目清单的过程中，重点要考虑项目的处理逻辑，而非具体步骤。你应当将上述的五步骤清单视为对项目的一次初检，用时一般控制在20到30分钟。你只须对第二大脑中的各类素材建立初步印象，然后便可更好地预估项目用时、所需资源以及潜在挑战等。

我建议你在首次实践时使用本人的模板。假以时日，在积累了更深的理解后，再根据实际情况进行个性化改良。根据职业和领域的不同，你可能需要加强或弱化格式要求、延长或缩短初检周期以及增加或减少人员数量等。以下是一些可能对你有所帮助的行动安排：

与对项目执行偏差进行反思的“事后剖析”类似，回答“先决问题”也是一种非常有益的做法，一般出现在项目启动前。通过预判可能出现的问题，可以帮助我们第一时间采取行动，防患于未然。

回答先决问题：你希望取得何种收获？最大的不确定性或问题是什么？最可能导致失败的因素是什么？

与利益相关方的沟通：向你的上司、同事、委托人、顾客、股东、承包商等一一解释项目概况和重要性。

定义成功标准：该项目的成功要件是什么？最低目标和扩展目标分别是什么？

正式启动：组织一场通报会，确定预算与时限，将目标任务传达给相关人员并确保所有人明确各自的职责。根据我的经验，一场充满仪式感的启动活动具有十分积极的推动作用，即使对单人项目来说也不例外。

 # 清单2：项目完成

接下来介绍的是与“项目启动清单”相对的“项目完成清单”。

对于脑力工作者来说，每个项目的结束都是一个特别时刻，因为它意味着一次不可多得的休止。现今的工作之所以充满挑战，很大一部分原因在于事情似乎总是没完没了，这可真令人心累，不是么？源源不断的电话和会议让我们很难抽出时间庆祝一场确定的成功并放空自己。这就是为什么我们应当尽可能地控制项目规模：如此一来才能更频繁地体验到任务结束后的成就感。

除了单纯地庆祝完工之外，我们还应为日后的工作总结宝贵的经验和思考，因此一份项目完成清单是不可或缺的。它可以帮助我们通过一系列步骤发掘具有重复利用价值的知识资产，并将其余材料予以归档。当然，能够顺利执行该清单的前提是，我们此前已经对项目材料进行了妥善保管。

以下是我的项目完成清单：1.

标记项目为完成状态（在任务管理器或项目管理应用程序中）；2.

划除项目目标并移至“已完成”列表；3.

重温“半熟素材”并移至其他文件夹；4.

移动项目文件并加以归档（跨平台）；5.

对暂时搁置的项目：在归档前，添加一条记录当前状态的笔记至项目文件夹。

作为题外话，我已经在“第二大脑资源指南”中针对不同的操作系统分别推荐了若干适用的任务管理器应用，详情请访问https://www.buildingasecondbrain.com/resources。

1. 标记项目为完成状态（在任务管理器或项目管理应用程序中）。这是确认项目完成的第一步。通常来说，在彻底完工之前，还会有一些收尾步骤——取得最终批文、提交材料、交付成果等——所以我们需要首先察看任务管理器。任务管理器是一种用于跟踪待办事项的专门应用，类似于一张电子版的任务清单。

当我发现所有任务均已完成时，便可将该项目标记为“完成”，以待后续处理。

2. 划除项目目标并移至“已完成”列表。我从事的每个项目通常都具有相应的目标，而我则会将所有目标记录在一个单独的笔记文件中，并根据目标的期限长短进行分类。

我喜欢抽出少许时间用于思考最初设定的项目目标是否业已实现。如果顺利达成，那么成功因素包括哪些？我应当如何总结套路或进一步强化优势？如果进展不利，是出于何种原因？我可以吸取哪些教训或做出何种改变以免重蹈覆辙？思考上述问题所需时间取决于项目规模。一个庞大的团队项目可能需要数小时的深入分析，而一个小型的个人项目可能只需几分钟的反思即可。

除此之外，我还喜欢将已达成的目标划除并移至另一个名为“已完成”的文件夹。每当我需要获得一些动力时，便可察看我的已完成列表，回顾业已达成的诸多充满意义的目标。无论目标大小，利用第二大脑打造一面个人专属的成功和荣誉墙，不失为一个绝妙的做法。

3. 重温“半熟素材”并移至其他文件夹。 到了第三步，我会重新检视已完成项目文件夹，寻找具备重复利用价值的“半熟素材”，例如网页设计模板、一对一绩效评估议程，或是可用于日后招聘的面试问题等。

我们需要培养一定的眼光，才能认识到这些文件和材料乃是高质量思维活动的伴生资源，而非用后即抛的项目冗物。随着时间推移，我们的大部分工作都会表现为“重复”基础上的“微创新”。如果我们总是能在上一次奋斗的基础上继续思考，而非每次从零开始，那么必然能够占尽先机。

对于任何可能与其他项目相关的“半熟素材”，我都会将其移至对应的项目文件夹中。“领域”和“资源”类文件夹同理。此操作的容错率很高，即使无法一网打尽也没关系，毕竟任何归档材料都可被完整搜索出来，因此我们无须担心有所疏漏。

4. 移动项目文件并加以归档（跨平台）。 在第四步中，我会利用笔记应用，将已完成项目文件夹移至“存档”类，并在各平台（例如计算机的“文档”文件夹以及云存储）之间同步。

这一举措将确保活动项目不会与历史项目混杂在一起，同时亦可将所有材料保存下来以备日后不时之需。

5. 对暂时搁置的项目：在归档前，添加一条记录当前状态的笔记至项目文件夹。 第五步仅适用于项目被取消、推迟或搁置（而非完成）的情况。对于这些项目，我仍希望能将其归档以免产生干扰。但在这种特殊情况下，我们还需追加一个步骤。

我会在该项目文件夹内新建一条名为“当前状态”的笔记，写下若干备注以供日后参考。例如，我可能会以要点的形式描述项目的最新进展、推迟或取消的具体原因、参与人员及其职责、从中吸取的经验教训等。有了这些海明威之桥，我便可以放心地将该项目封存，因为我知道自己有能力随时唤醒它。

每当某个项目停滞不前时，我都会坦诚以对，并利用几分钟时间记录下自己当前的想法。如此一来，即使相隔数月甚至数年之久，我也可以毫不费力地重新拾起。如果我们学会将一个项目暂时“冷藏”起来，从此无须时刻牵挂、事事上心，这该有多么给力、多么令人欣慰啊！

以下是一些可以纳入项目完成清单中的额外选项。我非常乐见你根据自身需求进行个性化设置：

回答先决问题：你取得了何种收获？哪些事情做得不错？哪些还可做得更好？今后可做出哪些改进？

与利益相关方的沟通：向你的上司、同事、委托人、顾客、股东、承包商等通报项目完成状态及相关成果。

评估成功标准：该项目的目标是否达成？判定成败的依据为何？投资回报率是多少？

正式结束项目并开展庆祝：做好发送邮件、发票、收据、反馈表、文档等收尾工作，与团队或合作者一道庆功并享受满足感。

对项目完成清单的“初检”应当比项目启动清单耗时更短——只需花费5分钟到10分钟时间发掘一些相对独立的材料和思考即可。由于暂时无法确定这些材料能否再度发挥作用，我们应当尽量减少投入其中的时间精力。只须适当花些心思，方便未来的自己相机抉择即可。如果确系可用之材，那么彼时再对其加以精心整理和提炼不迟。

引入项目清单并非为了将工作变得死板和套路化，而是帮助我们更加利落、果断地启动和完成项目，避免出现某些“落单”任务迟迟得不到落实。项目清单的作用就像一部脚手架——为你所构建的事物提供一个支撑平台。正如脚手架最终会被拆除一样，检查项目清单的习惯也会被我们的思维方式逐步吸收，直至完全内化为一种第二本能——每次开启新项目之前，我们都会自然而然地从第二大脑中搜寻可供借鉴的素材。

定期回顾：对笔记进行批量处理的动因（及频率）

接下来要介绍的是每周和月度小结。

《搞定》（GTD）是个人知识管理领域的一本有益读物。该作品所倡导的“放空大脑”的理念，与我利用笔记记录“可操作信息”（如待办事项）的思想如出一辙。

管理培训师兼作家戴维·艾伦在其颇具影响力的著作《搞定》中率先提出了“每周小结”的做法。艾伦将“每周小结”定义为每周一次的定期回顾，用于重温自己的工作和生活，并让大脑得以放空。他建议利用每周小结记录新的待办事项、回顾当前项目进展以及确定下一周的优先事项。

我在此建议增加一道步骤：回顾我们在过去一周中创建的所有笔记，用简洁的标题提示其中内容，并将它们归类到适当的“PARA文件夹”中。大多数笔记应用都设计了某种形式的“收件箱”，用于存放新收集的笔记以备日后查阅。在笔记应用的帮助下，我们回顾单篇笔记的时间仅需短短数秒，从而可在几分钟内完成对每周笔记的“批量处理”。

接下来，让我们更加深入地了解每周和月度小结是如何帮助我们的第二大脑时刻保持就绪状态的。

 # 每周小结范例：定期清理以防过载

以下是我的每周小结清单，视一周的忙闲程度，一般每3到7天执行一次。重点不在于执行固定计划，而在于培养定期清理收件箱的良好习惯，避免数字化空间过载。我会将以下清单做成一张数字便笺，存放在电脑中以便查阅。1.

清理电子邮件收件箱；2.

检查日历；3.

清理电脑桌面；4.

清理笔记收件箱；5.

确定下周优先事项。

1. 清理电子邮件收件箱。我会先从清理电子邮件收件箱开始，遍览过去一周以来所有的电子邮件。由于每周事务繁忙，通常难以抽出时间处理邮件。但我发现，如果任由这些邮件周复一周堆积下去，便很容易将最新的、需要进行反馈的信息与历史信息弄混。

经过这一步清理，我会将所有待办事项存至任务管理器中，同时将整理的笔记存入笔记应用中。

2. 检查日历。随后，我将检查日历表中预定的各项会议和约会。通常我会浏览过去几周的安排以查漏补缺，同时为接下来的几周做好准备。

在这一步中，我同样会将待办事项保存在任务管理器中，相关笔记则存入笔记应用。

3. 清理电脑桌面。接下来是清理电脑桌面上堆积的文件。我发现，如果任由这些文件不断侵占桌面，我的数字环境迟早会凌乱到让我无法思考。

清理过程中，所有可能与项目、领域、资源相关的文件都会被移至相应的“PARA文件夹”中。

4. 清理笔记收件箱。进入第四步时，我的笔记应用收件箱内早已塞满了来自前三道清理环节——电子邮件、日历和电脑桌面——的各种七零八碎的信息，加上前一周收集的笔记，通常总数会达到5到15条之多。

我将对这些笔记进行一次性批量处理，迅速而直观地判断每条笔记分别对应哪种类型的“PARA文件夹”，并根据需要创建新文件夹。鉴于任何笔记都不存在绝对正确的分类，再考虑到搜索功能的超高效率，我们大可以放心地根据自己的第一反应来分类。

这是每周小结过程中唯一一次与数字笔记的直接对话。具体做法是遍览一次笔记收件箱，为每条笔记添加提示性标题，并移至合适的“PARA文件夹”中——就是如此简单实用。无须重点标记、深挖内容，也无须考虑任何相关性。

我愿将进一步的探究工作留待日后——当我对目标和所需信息更加明确时。而每周的信息分类工作旨在对过去一周积累的知识加以提示，确保第二大脑中的信息流健康通畅。

5. 确定下周优先事项。这一步骤首先是清理任务管理器的收件箱。此时我的收件箱内可能积累了大量来自电子邮件、日历、电脑桌面以及数字笔记的任务。我需要花些时间，按照不同的“项目”或“领域”加以归类。

每周小结的最后一步则是确定下周需要完成的重要事项。得益于对数字办公环境的深度清理，以及对每条信息的简要掌握，我可以果断地做出抉择，并满怀信心地开启新的一周。

月度小结范例：定期反思以强化认知和掌控力

与脚踏实地的每周小结相比，月度小结则更加偏重反思和整体考虑。这是一个让自己从繁忙的日常事务中抽离出来，对项目整体状况进行评估，以及对目标优先级乃至整个系统进行实质性调整的绝佳机会。

以下是我的月度小结清单：[1.]

对目标进行评估和更新；[2.]

对项目列表进行评估和更新；[3.]

对责任领域进行评估；[4.]

对待办任务进行评估；[5.]

对优先事项进行重排。

1. 对目标进行评估和更新。我首先会对季度和年度目标进行评估，在这一过程中我会询问自己："我取得了哪些成功或成就？""出现了哪些意外状况？我可以从中学到什么？"等。我会花些时间划除业已达成的目标，添加新目标，或是对目标范围进行合理化调整。

2. 对项目列表进行评估和更新。接下来，我将对项目列表进行评估和更新。包括将已完结或取消的项目进行归档，添加新项目，或是反映活动项目的最新变化等。这些更新将在我的笔记应用中予以同步。

需要强调的是，项目列表必须实时、快速、准确地反映现实目标和事务优先级。要知道，我们的第二大脑是以"项目化"为核心的。一个称手的项目文件夹，将大大有利于我们关注和收集创意，从而更好地推进项目。

3. 对责任领域进行评估。现在是时候评估自己的责任领域了。我会思考各种生活领域（例如健康、财务、人际关系以及家庭生活等），并决定是否需要在某些领域做出改变或采取行动。这种反思往往能产生新的行动项目（我会将其收录至任务管理器中）或笔记（收录至笔记应用中）。

"领域"项下的笔记往往孕育着某些潜在的项目。例如我曾使用一个名为"居家"的领域文件夹保存前文提及的家庭工作室改造的照片。早在该设想成为正式项目前，我便利用这一扩展空间收集相关创意和灵感。等项目真正启动时，一切都已准备就绪。

4. 对待办任务进行评估。"或有"任务指的是近期不会涉及，但不排除未来可能要做的特殊事项。诸如"学习外语""种植果园"等理想的确值得我们保持关注，但又不宜为此打乱当前节奏。我可能会花几分钟时间检视自己的待办任务，查找可行项目。

举例来说，当我与妻子买了房子安顿下来后，我们便一直惦记着养一只宠物狗。以前我们居无定所时，这种想法不过是一场白日梦，然而却一朝成为可能。好在在此之前，我已保存了若干介绍狗狗类型（运动型、低致敏性型、对儿童友好型等）的笔记。于是在开展月度小结时，我便将其从“领域”文件夹里提了出来。

5. 对优先事项进行重排。在完成前述四个步骤后，我便能对自己的目标和项目有更全面的了解。现在是时候对各项事务的轻重缓急进行重新规划了。我常常惊叹于短短一个月的时间所能带来的巨大改变。上个月看来还至关重要的事项，到了下个月便可能变得无关痛痒了，反之亦然。

处处留意：利用第二大脑制造幸运

在实际操作中，还有一种有助于充分利用第二大脑的良好习惯。从某种意义上说，此类习惯最为重要，但也最难预料。

我愿将此类习惯称为“处处留意”——留意各种不起眼的机会，从中发掘某些易被忽视的价值，或是进一步提升笔记的“可行性”与“可见性”。以下是一些示例：

留意到你心中的某个想法可能蕴含的潜在价值，并予以充分吸纳，而非视而不见；

留意到某条外部信息激起了你心中的涟漪，随即对其进行重点标记；

留意到某条笔记的标题可以进一步优化，于是对其加以修改，以便日后查找；

留意到可将某条笔记移动或链接至其他项目或领域，从而发挥更大作用；

留意到可将两个或多个“半熟素材”投入新的大项目中，避免从零开始；

留意到可将不同笔记中的相似内容合并到同一笔记中，以免引起混乱；

留意到你手头的某些素材可能对他人有所帮助，随即加以分享，即使尚不成熟。

相比待办事项来说，笔记的好处在于它们并非紧急事项。如果漏掉了一个重要的待办事项，结果可能会是灾难性的；然而笔记却可以根据工作节奏的张弛灵活处理，不会产生什么负面影响。如果你每周都能抽出时间整理笔记，自然再好不过。如果做不到这一点，问题也不大。我通常要等好几个礼拜甚至一个多月才能清理一次笔记收件箱，不过这丝毫不影响它们在我需要的时候即刻现身。

在我与各种客户打交道的过程中，最常见的一种信息管理误区就是认为整理信息是一项艰巨任务。人们似乎相信只要暂停手头的各项日程，偷得浮生半日闲，那么便能治愈内耗并让思绪重归清晰。

且不说获得大块空闲时间的概率微乎其微，根据我的观察，即使有幸做到这一点，情况也远不如想象般乐观。在面对堆积如山的问题时，人们往往会因纠结于细节而无法自拔，很难取得实质进展。然后他们便会深感内疚，因为花费了这么多时间，仍然无法打开局面。事实上，对于一般人来说，想要在重塑自我的试炼中一蹴而就，难免有些不切实际。生活中的方方面面纷繁芜杂，根本无法在所有细节上面面俱到。

保持有序状态是至关重要的，不过我们需要在日常生活中步步为营，处处留意各种改善机会，并利用项目推进的间隙付诸实践。

那么如何把握此类机会呢？以下是一些更具体的示例：

你决定在下次度假时去哥斯达黎加，于是便将专门收录常用西班牙语短语的笔记从名为“外语”的资源文件夹移至名为“哥斯达黎加”的项目文件夹中，以便旅途参考。

你的工程总监另谋高就，导致你需要雇佣一名新员工。于是你将此前创建的“工程招聘”文件夹从“存档”类移至“项目”类，以辅助你物色人选。

你正在筹划一场系列研讨会，于是你将一份实践练习文档从名为“研讨会”的领域文件夹移至该研讨会相关的新项目文件夹中。

你发觉自己的电脑速度越来越慢，因此决定购买一台新电脑。于是你将保存在“计算机研究”资源文件夹的某些文章移至名为“电脑采购”的新项目文件夹中。

以上行动不过是举手之劳，却可有效应对目标和优先级的不断变化。我们应当避免从一开始便让自己陷入苦战。这种蛮干不光极度耗时耗力，还会将我们局限在一个未必始终正确的行为路径中。

当你将数字笔记视为一种工作环境而非单纯的存储空间时，你便愈发愿意为之投入更多时间。而投入时间越多，你便越容易留意到可能带来改变的小小机会。随着时间推移，你将收获一个远超预期的、与你的实际需求无比契合的工作环境。正如专业厨师善于运用“微操”保持环境有序一样，你也可以通过培养处处留意的习惯达到实时调整的效果。

课后思考：好用的系统才完美

我在前文中介绍的每种习惯——项目启动和完成清单、每周和月度小结以及处处留意等——都是为有效利用每天的碎片时间而量身定制的。

这些习惯都依托于我们正在开展的各项活动，至多不过增加一些模块。清苦的禅修必须腾出大量时间且与世隔绝，方能略有所成。但我们不能一味等待这种不切实际的条件出现，而应打破迷思，果断地迈出信息管理的第一步。

你无须停下繁忙的脚步将一切推倒重来。我提供的各种清单自会让你在接收、处理和运用数字信息时得心应手、有章可循，从而为你跌宕起伏的生活节奏增添几分确定性。

值得一提的是，对第二大脑进行维护，也是一项高容错率的工作。第二大脑不像汽车引擎，维护不当便易起火、爆炸或是停摆，即使好几天、几周甚至几个月对其放任不管，也不会闹出大问题来。构建第二大脑并倾力维护的目的在于防止自己的宝贵思想随着时间流逝而渐渐淡出。有朝一日，当你获得了更加充足的时间和动力，便可随时卷土重来，追逐自己尘封已久的梦想。

更加具体来说：

无须担心挂一漏万。绝妙的想法终会以某种形式回归你的视野；

无须频繁清理笔记收件箱。与待办事项清单不同，如果你错过了某条笔记，并不会引发不良后果；

无须为了重温或总结笔记内容而设定严格的时间表。这不是考前的突击背诵，也不是日常的签到打卡；

在利用PARA系统组织笔记或文件时，不要太过纠结如何归类，因为我们还有非常高效的搜索功能托底。

事实上，任何一种必须做到极致完美才能可靠运行的系统，都会存在严重的内部缺陷。不少“看上去很完美”的系统，往往会因结构复杂且容错率低而令用户敬而远之。如此系统哪里称得上完美，分明是脆弱不堪，只要稍不留神便会崩溃。

需要强调的是，我们并不是在编纂一套天衣无缝的百科全书，而是在营造一种工作环境。这意味着它既要发挥效用，又要与我们的日常生活融为一体。基于上述原因，我们应当选择一个并不完美，但却在日常环境中经久耐用的系统。

第十章

自我表达的路径

思想应当被广泛分享。分享可让思想变得更加丰富有趣，并让更多人因此受益。

——阿德里安•玛丽•布朗，作家、活动家

在人类历史的大部分时间里，如何获取稀缺的信息始终是一个巨大的挑战。有价值的信息可遇而不可求——有的置身于难以复制的手稿中，有的隐藏在个别学者的脑海中。不过这对大多数人来说不成问题，因为早先人们的生活和生计主要依靠体力劳动而非脑力思考，因此对信息量的需求不大。

不过，在最近几十年中（虽然对于浩瀚历史来说不过是白驹过隙而已），一切都变了。我们突然迎来了一个信息爆炸的时代，源源不断且实时更新的信息洪流，正以迅雷不及掩耳之势，通过无处不在的智能设备和互联网向我们扑来。

不仅如此，人们的劳动方式也发生了质变。价值创造的主要形式已从体力劳动转为脑力劳动。知识一跃成为最重要的资产之一，而对于头脑专注力的合理分配，也相应成为一项难能可贵的技能。人们的谋生手段变得更加抽象和去实体化：创意、观点、信息、框架设计、思维模式等。

如今人们的挑战不再是如何获取更多信息，而是如何有效阻断信息流，从而治愈自己的优柔寡断。这与我们在探讨“发散”与“聚合”问题时所倡导的理念是一致的。人们与信息之间交互方式的每一次变化都呼唤着思维方式的进一步革新。本章将会对这一变革的表现形式和实现路径进行深入探讨。

换工具不如换思维——从对完美应用的追求说开去

虽然本书花了绝大多数篇幅介绍如何运用一套全新工具改善你与信息之间的交互关系，然而根据我多年以来的观察，限制个人潜能的从来都不是某套工具，而是思维模式。

你选择了本书，可能是因为你对“个人知识管理”这一前沿领域有所了解，也可能是想要获取某个炫酷笔记应用的操作指南；你可能对某个新技术所蕴含的生产力充满期待，也可能被某种系统化的创作流程深深吸引。

无论你的动机是什么，最终都会殊途同归，迈向你的个人成长之旅——如果你愿意的话。我们的内心世界与数字世界之间并无区别：在一种环境中决定我们思想的理念和态度，对另一种环境来说同样适用。

所有来自生产力、创造力和表现力等领域的竞争和挑战，其背后映射出的是我们与信息之间的基本关系。这种关系的塑造取决于你的成长经历，并受制于你的性格特征、学习方式、人际关系以及遗传基因。你学会了以某种万能套路应对新的想法，你采取了某种既定心态——期待、恐惧、兴奋、自我怀疑，或是某种独特而复杂情感的组合——看待新的信息。

对于信息的基本态度将影响到你生活的方方面面，包括求学、考试以及职业发展。在你阅读本书的此时此刻，你的基本态度也在潜意识里发挥作用——引导你如何解读、感受以及运用相关内容。

我们对信息的态度深刻影响着我们的世界观、人生观和价值观。作为劳动者，我们的成功取决于对信息的高效利用，以及更加优质、迅速的思考。随着人类社会变得日益复杂，对个人智慧的重视程度只会愈发提升。思维质量的高低已成为定义个人身份、名誉以及生活质量的核心要素之一。于是总有人教导我们，只有了解更多，才能成就更多。

不过，如果事实并非如此，又当如何呢？

对大脑的局限性保持敬畏

在成就目标的过程中，个人智慧当然是充满价值的。不过我想要指出的是，你向自己的生物大脑索取得越多、施加的压力越大，它便越容易被难以承受之重压垮。于是你会愈发感到紧张、焦虑、眼冒金星。你的大脑用于处理事务和攻坚克难的时间越多，可用于想象、创造或享受生活的时间就越少。我们当然可以开动脑筋解决问题，不过这并非大脑的唯一用途，思想的价值远不止于此。

当第二大脑融入你的个人生活时，你对信息的基本态度也将发生相应转变。你将比以往任何时候都更易觉察出事物之间的关联；你可将商业、心理学和科技等领域的各种思想加以串联，发掘出超出以往任何想象的新价值；你可对艺术、哲学和历史等学科的各种知识加以糅合，领悟凌驾于以往任何高度之上的万物法则；你会自然而然地将五花八门的想法融会贯通，创造新的观点、理论和策略；你会激赏于第二大脑的优雅格调，并对你亲手打造的这一系统所呈现出的魔法般的信息管理效率肃然起敬。

也许你此刻并不是作家、创作者或专业人士。其实，我在初次上手时也不过是一个普通的患者罢了。只要你理解“九层之台，起于累土”的道理，你便会意识到，所有的过往经验和历史观点都有其独特价值。你所有的担忧、顾虑、错误、失策、挫败以及自我检讨，都是可以提取、处理和加以利用的信息。点点滴滴、方方面面汇总在一起，方能构成一个庞大且不断进化的整体。

一位名叫阿米莉亚的学员最近告诉我，她在构建第二大脑的过程中，对互联网的态度发生了180度转变。她曾认为网络是“哗众取宠和充满戾气”的垃圾场所，因此对网络世界极度抵触。后来她采取了一种新的立场，对互联网“择其善者而从之，其不善者而改之”，自此打开了一扇通往新世界的大门。阿米莉亚是一位出色的领导力教练，她的工作是向众多管理者传授如何通过调节神经系统改善自身健康状况和工作效率。试想一下，当专业功底深厚的她，开始摒弃成见、从互联网中汲取智慧和拓展资源时，又将为自己开辟一块多么广阔的天地啊！

这一戏剧性的变化原因何在呢？阿米莉亚的知识结构未必有所改变，关键在于她转变了自己的观念，选择了一个不同的视角来看待世界——感恩生活，知足常乐。我们难以完全掌控自己的生活，不过却可以自主选择看待生活的方式。这是提升个人阅历的一个基本途径——通过调节精力分配的多寡达到激励或抑制效果。

在构建第二大脑的过程中，你的生物大脑亦会随之发生变化。它将逐渐适应这一科技衍生品的存在，并将其视为自身的某种延展。你会变得更加淡定，因为所有的创意都被悉心照料；你会变得更加专注，因为所有的想法都可随时搁置、随时调取。常常有人向我表示，他们对于自己的目标、梦想和追求的改变充满信心。因为他们知道，一套无比强大的信息管理系统正默默地助力着他们的每一次进取。

为你的大脑换换岗

不要再让你的生物大脑继续操心生活中的鸡毛蒜皮了。是时候给它换个更好的工作了：扮演你的生活首席执行官，统筹谋划信息的价值创造，在吸收和整合新知识的过程中释放更多创意。

你的第二大脑始终在线、记忆力能打且可无限扩展。只要你将抓取、组织和提炼信息的工作越来越多地“外包”或是“委托”给现代科技，便会赢得越来越多的时间精力，用于你必须亲力亲为的“自我表达”活动。

一旦你的潜能摆脱了生物性的瓶颈，你便能在汹涌而至的信息洪流面前收放自如。你会变得更加淡定平和，因为所有信息都被妥善存放于外脑，大可安心让自己开个小差；你会变得更加相信外界，因为你已经学会如何信任外部系统，事实上，当你意识到自己无须独自扛下所有记忆的重担时，那种感觉是无比释怀和欣慰的；你会变得更加开明包容，愿意思考更多充满颠覆性、挑战性和未知性的课题，因为你的选择面已经大大拓宽；你会变得乐于接触各色人等的不同看法，而非对某个单一思想抱有执念；你会变得有能力驾驭各种观点，在纷繁芜杂的观点中做出有利的取舍。

将自己长期以来从事的工作交办出去，难免令人心怀忐忑。“还需要我做什么吗？”“我会被忽视和边缘化吗？”此类恐慌的声音可能会在我们脑海中不断盘旋。常常有人教导我们，与其冒险从事易被取代的工作，不如太太平平求安稳；与其披荆斩棘力图革新，不如低调做人明哲保身。对凌乱不堪的精神世界进行深度清理是需要极大勇气的，因为如果排除了各种杂念的干扰，我们便不得不直面那些有关自身发展和目标追求的艰难问题。

这就是为什么说构建第二大脑的过程其实就是个人成长的过程。随着信息环境的变化，我们的思维模式也会发生转变。我们从一种身份转变为另一种身份——做一名生活的指挥家，而非随波逐流者。身份的转变往往会令人感到抵触和恐惧，因为你不知道自己会变成什么样，也不知道将会有何遭遇。不过在成功克服了角色转换过程中的重重困难后，你便会成功抵达一个充满希望、可能以及自由的崭新世界。

从稀缺到充裕

我们如何意识到自己正向着新的身份转变呢？在创建第二大脑的过程中，一个最明显的变化就是，我们的思维模式将从基于稀缺性的角度看问题（以下简称“稀缺性思维”）转向基于充裕性的角度看问题（以下简称“充裕性思维”）。

根据我的观察，很多人在应对新时代新变化时仍抱着陈旧的思维模式——认为信息是一种稀缺资源，因此要尽可能多地收集、吸收和储存信息。他们习惯以一种消费主义的视角看待信息：多多益善，上不封顶。在这种稀缺性思维的影响下，他们迫切需求大量、超量的信息，生怕在信息储备上有所不足。有人甚至宣扬，信息需要受到严密保护，否则便会被他人窃取并造成不利；个人的价值来源于自我获取并能随时调用的信息。

正如我们在介绍“信息抓取”的相关章节中所了解到的，人们很可能只是为了收集而收集。不知不觉间，囤积的信息越来越多，却不考虑这些内容对自己是否有用。这是一种对信息的无差别吸纳，甚至连社交媒体的表情包或网络帖子的重要性都可能与深邃的智慧等量齐观。这种行为是由恐慌所驱动的——害怕错过某些热点话题中的关键信息、想法或是故事的来龙去脉。不过，信息囤积的一个悖论在于，哪怕收集得再多，也远远不够。同时，稀缺性思维还会让我们对现有信息的价值产生怀疑，从而迫使我们不断从外界寻求信息补偿。

与稀缺性思维截然不同的是充裕性思维。这种思维认为，有价值和有益的想法、见解、工具和合作机会无所不在，蕴含着惊人潜力的知识资源也无所不在——来源于我们的信息摄取、社交网络、感官直觉以及思维模式。充裕性思维同时认为，我们不必吸收和理解全部的信息以及信息的全部，只须从中汲取一些智慧的灵感。长此以往，这些灵感亦会源源不断向你靠拢。我们不必刻意从外部收集各种见解，只须仔细聆听生活对你的反复呢喃。生活会告诉我们所有答案，有好有坏。它就像一位慈爱但固执的老师，从不迁就我们的意志，而是耐心地指出我们的思路出现了哪些偏差。这些真实而生动的课程将会不断涌现，贯穿我们的一生。

向充裕性思维转变，意味着安然放下那些曾被认为是不可或缺、实际却了无益处的事物；意味着断然远离那些让我们沉浸于虚假的安全感、实际却束缚了个人潜能的低附加值工作；也意味着坦然卸除那些出于恐惧而将我们与外界思想隔绝的防护罩，因为它同样也阻绝了他人想要给予我们的馈赠。

从责任到服务

第二个转变是，我们不仅利用第二大脑辅助记忆，还用它强化联结和创造。此时我们的行为动机也开始从履行责任转变为提供服务。

我相信，大多数人都具有一种与生俱来的奉献意识。我们乐于传播知识、帮助他人以及做出贡献。回馈社会的意识是一种最基本的人性特质。

我同时注意到，许多人将这种需求搁置在一旁，留待未来的某个时刻，当自己拥有了足够的时间、信息、专业知识以及资源后再行考虑。而那个想象中的时刻便随着他们的升学求职、娶妻生子而一拖再拖，直至被愈发快节奏的生活甩到九霄云外。

当然，帮助别人并不是一项义务，有时我们只能独善其身。尽管如此，我还是不止一次地注意到，当人们利用第二大脑收集到越来越多的知识后，他们深藏于内心的服务意识便渐渐浮出水面。他们知道所有知识已经尽在掌握，因此没有必要，也没有理由再继续等待。

知识的目的在于分享。如果某条知识对包括我们自己在内的任何人都没有积极影响，那它又有什么意义呢？学习毕竟不像储蓄那样只须一味囤积即可。知识可能是唯一一种传播范围越广、增值幅度就越大的资源。如果我分享了某个有关健康、财务、业务或精神世界的新思想，这绝不会减少这一知识对我本人的价值，反倒会令它继续增值！因为我可以和对方建立共同语言、加强沟通协作以及分享彼此的学习进展。知识就是这样，越传播，越强大。

无论是社会领域的贫困问题、社会不公和违法犯罪，经济领域的贫富差异、教育短缺和工人维权，组织内部的人员流动、企业文化和业务增长，还是生活领域的沟通技巧、学习效率和工作表现，这个世界有太多问题等待着我们全力解决。正如数字产品设计师赖德·卡罗尔在其著作《子弹笔记》（*The Bullet Journal Method*）中提到的，“你的一个创意也许会带来人性的一次改良”。

总有些人只有你才能接触得到，只有你才能教导得了，也只有你才能帮助得到。你就是他们的天选之人。我们自小享受着父母和师长对我们倾注的无尽关爱，如今也应通过自己的种种善举，将这份厚重的温暖传递下去。也许一句简单的话语，便可为身边的某人打开一个新的世界。

第二大脑的初衷是帮助我们更好地实现个人目标，不过我们同样可以利用它支持别人的梦想。我们既然具备了回馈社会的能力，就理应让自己成为一道传播爱与善的光芒。最大的善举莫过于知识的馈赠，而我们恰恰拥有无比富足的知识资源。

从摄取到创造

构建第二大脑的实践不仅是简单收集各种事实、理论和观点，其核心在于培养自我意识和自知之明。我们之所以能够发现许多心有戚戚的想法，是因为它们反映出了我们内心深处业已存在的某些情愫。每一个来自外界的想法都如同一面镜子，映照出我们内心中渴望表达的某件事实或是某段故事。

《默会维度》（The Tacit Dimension），迈克尔·波兰尼著。

匈牙利裔英籍哲学家迈克尔·波兰尼在其于1966年发表的一部著作中提出了所谓的“波兰尼悖论”，一言以蔽之就是“人类所知远胜于其所能言传”。

波兰尼发现，人类可以轻松完成许多无法完美解释的事项，例如汽车驾驶或是面部识别。我们当然可以试着描述自己的具体做法，不过这种解释程度远不足以说明问题。这是因为我们大量依赖于隐性知识，而这种知识很难加以精确表述。我们虽然拥有这种知识，但它却存在于我们的潜意识和肌肉记忆中，非言语所能触及。

这种被称为“自我认知盲区”的现象一直是人工智能和其他计算机系统发展的一大障碍。因为连我们自己都说不清楚某些认知是如何产生的，更不用提将其编写到软件应用中了。

计算机研究者的噩梦恰恰是人类的福报。隐性知识构筑了人类压制机器的最后一道壁垒，所有基于隐性知识的工作和活动将成为自动化浪潮侵蚀下的最后一片净土。

在构建第二大脑时，我们会收集大量事实和数据，然而这不过是一种手段，真正的目的在于发掘我们内心深处的隐性知识。它就在那里，不离不弃。不过我们还是需要通过某种外力让其浮出水面。既然我们的知识储备已经让表达能力望尘莫及，那么不妨借助外部系统，将大量的外部信息和生活经验不断导出我们的生物大脑。

虽然无法完全用语言表达，但我们对世界的运行规律有着深刻的理解；我们对人性的本质有着极为直观的感受；我们在各自领域内积累了任何人或机器都难以企及的独到见解。生活赐予我们丰富的阅历，阅历打磨了我们独特的世界观，而世界观则指引我们观察和感受世间万象，并让自己和他人从中受益。

常常有人告诫我们，要忠于自我，追逐内心深处的终极愿望。不过，如果我们根本不知道自己的目标和愿望呢？如果我们根本搞不清自己的人生目的呢？没有自知之明，便无法自我导航。毕竟连自己是谁都不知道，何谈想要成为谁呢？

自我了解的过程可能看起来神秘异常，不过我却认为可操作性很强。首先要留意能够引发内心共鸣的事物，那是一声来自外部世界的召唤，一种似曾相识的感觉。每个人内心中都有一个充满各种思想、观念以及情感的小宇宙。随着时间推移，我们会不断发现自我身份和意识的新层面。对外部信息的收集实际上也是对内心世界的探索，因为一切的所见所闻所思所感，其实都是我们某些内在特质的外部映射。

自我表达的基本需求

第一章中，我介绍了自己的一场诡异病情，以及我是如何以此为契机，与数字笔记结下不解之缘的。

那几年可谓是我生命中最为低潮的一段时期，我几乎穷尽了现代医学可及的一切途径。很多医生都暗示我患有某种精神疾病，因为物理诊断根本没有发现任何问题。这一论调让我雪上加霜，每天醒来都觉得如鲠在喉，像被一把厚重的铁钳紧紧夹住了脖子。

在痛苦情绪的驱使下，我开始逃离朋友和社交圈。我的注意力始终集中在肉体的疼痛上，以至于难以和他人展开对话。我开始将越来越多的时间用于上网冲浪，毕竟那里不需要说话。我对未来感到一片黯淡，由此陷入一场从失望到绝望的恶性循环。有段时间里我总是看不到自己的未来：如果连话都说不了，还怎么和人约会社交？身背这种随时可能发作的慢性疼痛，又能从事何种工作？当症状持续恶化，却找不到任何治疗甚至诊断方法时，我又能期待一个怎样的未来？

就在这个时候，我做出了两个改变，从而逆转并挽救了我的人生。首先是冥想和正念。我开始学习冥想，带着无知与生涩踏入了“灵性”和“内观”的新世界，并惊异于“我非我所思”“思想是潜意识的喃喃自语，相信与否是我们的自由”等高深理念。事实上，冥想活动比任何医学药方都更能帮助我从病痛中解脱出来。痛苦自此成为我的导师，指引我需要关注的方向。

我的搭档大卫·佩雷尔开设了一个名为“文章写作”（Write of Passage）的在线写作培训班（详情请访问https://writeofpassage.school）。在他的协助下，我开始领略到公开写作的神奇魅力。

当我渐渐从冥想中获得深刻而生动的体验时，我便产生了与他人分享心得体会的强烈念头。这随即触发了我的第二个巨大改变，也即公开写作。我开设了一个博客，其中第一篇博文便是记录我在北加州内观禅修所的亲身经历。鉴于我在语言表达上仍有不便，写作于是成了我的一个庇护所。我可以在博客上畅所欲言、详略随心，无拘无束地进行自我表达。

我自此发现，自我表达是人类的基本需求，是与衣食住行同样重要的生活必需品。我们必须学会分享自己的生活经历——小到生活中的点滴感触，大到关于命运的宏伟乐章。

课后思考：勇于分享

我曾与许多人探讨人生话题，其间一次又一次地注意到，几乎每个人身上都有一些美好、动人、充满力量的故事可以分享。每一段特别的经历背后，都闪耀着人性智慧的光芒。然而这些故事和经历的价值却往往遭到低估，不少人都觉得等时机更加成熟了再行分享不迟。对此我认为，没有任何理由继续等待，全世界的朋友都是你的潜在听众，而你的某些分享甚至可能改变他们的人生。

将自己的思想公之于众，既需要满腔热血，也需要化骨柔情，有时甚至还需要一丝叛逆，拒绝因恐惧而缄默退避。明确立场和据理力争是实现自我价值的一条根本途径：我们应当以何种身份发表言论？应当向听众传递何种内容？又应当如何赢得他们的关注与驻足？

上述问题的答案只有通过实际表达和效果评价才能获得。有些时候，我们的发言并不能触动或帮助他人。不过还有些时候，我们会发现，某些观点、某个视角或是某段经历，能够引发他人（朋友、客户，或是网络粉丝）的思想共鸣，并让他们的世界观产生明显改变。在这些时刻，人与人之间的精神鸿沟得以弥合。那一瞬间，我们会从骨子里感到所有人都站在一起。虽然这个世界千疮百孔，但我们可以各展所长，让它变得更加美好。这也是我们生而为人的最高使命。

第二大脑可以帮助我们无往不利。万物皆信息，而我们将化身为信息的调度和雕琢大师，为自己和他人打造一个理想的未来。

最终思考：对你来说很简单

第二大脑的构建方式没有唯一正确的答案。也许你的系统在别人看来混乱不堪，但只要你能借此收获进步和快乐，那么它就是对的那一个。

你可以先从某个简单项目开始实践，随着技巧的日臻成熟，逐渐拓展到更加宏大或复杂的项目。你还可以发挥创意，不断开发第二大脑的全新用法。

当实际需求发生变化时，你可对既有信息进行自由取舍。不要抱着“用则留、不用则弃”的绝对观念。即使某些信息暂时派不上用场或是不合心意，只须将其搁置一边，再综合运用本书介绍的工具和技巧匹配新的需求即可。只要操作得当，便可将第二大脑打造为你的终身搭档，陪伴你顺利走过每一个春夏秋冬。

无论你现在处于何种状态——开始练习记录笔记、探索组织和重塑思维的高效途径，抑或尝试更具创意和影响力的工作——你都可以从“信管法则”的四大步骤中汲取力量：

让笔记更“走心”（抓取）

以行动为导向（组织）

萃取本质（提炼）

成果展示（表达）

如果你在某个节点上感到力不从心，不妨稍稍放慢节奏，全力聚焦于最紧要的重点项目和优先事项，并相应缩小笔记处理范围，仅需保障紧要项目的正常推进即可。不要从零开始构建整个第二大脑，而应一个项目一个项目稳扎稳打，一步一个脚印遍历从“抓取”到“表达”的整个过程。如此一来，你便会发现这些步骤比想象中要简单和灵活得多。

你也可以化繁为简，一次只关注第二大脑的一个特定阶段。仔细思考你当前的状态，以及近期想要实现的目标：

如果你希望扩大记忆范围，可以引入PARA系统。根据你的项目、责任和兴趣，优化信息的抓取和组织活动。

如果你希望加强思维互联、锻炼规划能力、提高个人影响以及在工作和生活中收获成长，可以尝试“渐进式归纳法”。对笔记进行不断提炼和改进，并在每周小结中重新审视它们。

如果你希望事半功倍，可以关注“半熟素材”。有条不紊地创建它们，并不失时机地予以大胆分享。

当你决定开始构建自己的第二大脑时，不妨参考以下12个实用步骤。每一步都旨在培养一种个人信息管理的良好习惯：[1.]

明确信息抓取内容。请将你的第二大脑想象成一本私密的札记或日记本。你最想要获取、学习、探索或分享的内容分别是什么？明确两到三种重点内容。[2.]

选择笔记应用程序。如果你此前从不使用数字笔记应用，请现在就开始改变。你可参阅第三章的相关内容，并利用https://www.Buildingasecondbrain.com/resources上的免费指南获取最新的应用评测和建议。[3.]

选择信息抓取工具。我建议，首先使用“延时阅读”应用保存你感兴趣的在线文章或其他内容以便后续处理。相信我，这一步将彻底改变你的信息摄取方式。[4.]

构建PARA系统框架。设置PARA系统的四类文件夹（项目、领域、资源、存档），并以行动为导向，为每个活动项目创建一个专用文件夹（或标签）。从这一步开始，你需要专心抓取所有与项目相关的笔记。[5.]

通过回答12个兴趣问题获得灵感。列出你最感兴趣的一些问题并保存为笔记，以供抓取信息时参考。使用这些开放式问题筛选值得保存的内容。[6.]

自动抓取电子读物的重点内容。创建一个免费的系统集成，将阅读应用（“稍后读”或电子书应用等）中的精彩内容自动发送至你的数字笔记中（详见我在https://www.Buildingasecondbrain.com/resources中提供的建议）。[7.]

实践“渐进式归纳法”。利用多层级的重点标记，对某个活动项目的笔记进行总结提炼，从中体会“渐进式归纳法”如何改变你与笔记间的交互方式。[8.]

就“半熟素材”开展实验。首先选取一个混沌、庞杂或者困难的项目，然后再聚焦于其中的某个片段——“半熟素材”，例如商业提案、图表、活动流程或是与老板会面时的关键话题等。请将项目分解成多个零碎步骤，然后试着推进其中的某一个。接着，与至少一位亲友进行分享并获取反馈。[9.]

在某一目标上取得进展。选取活动项目中的某个具体目标，并运用“思想群岛”“海明威之桥”和“压缩范围”等创作技巧，测试是否可以仅凭第二大脑中的笔记推动项目取得实质进展。[10]

策划一次每周小结。在你的日历上标注每次每周小结的时间，从而培养每周进行自我回顾的习惯。你可先从清理笔记收件箱和决定每周优先事项开始，在渐渐得心应手之后再陆续添加其他步骤。[11]

评估你的笔记记录能力。你可通过我们在https://www.Buildingasecondbrain.com/quiz上提供的免费评估工具，评估你目前的笔记记录水平以及潜在改进空间。[12]

加入个人知识管理社区。在“推特”（Twitter）、“领英”（LinkedIn）、“美版公众号”（Substack）、“介质”（Medium）或你所偏爱的其他平台上关注并订阅思想先锋们的账号；加入“#个人知识管理”“#第二大脑”“#打造第二大脑”“#思维工具”等个人知识管理话题的网络社区，分享本书的读后感或其他心得体会。培养新习惯的速成之道就是与一帮老手打成一片。

和所有项目一样，第二大脑的构建只需付出足够的努力和时间。而第二大脑的运用则是一项终身事业。我建议你时常将本书翻开予以重温，相信每次都会有一些新的发现。

无论你是潜心深耕“信管法则”的某个具体环节，还是试图掌握个人知识管理的方方面面，抑或在二者之间寻求平衡，你都是在建立一种信息互动的新关系，探索一套精力分配的新模式，扮演一个信息管理的新身份——即使无法保证对所有信息了如指掌，也不影响你成为一名优秀的信息管理者。

当你正式开启个人知识管理的终身事业时，请不要忘记自己曾经取得的成功。你曾经一无所知的事物，如今已成为生活日常；你曾经难以掌握的技能，如今已融入你的血液；你曾经无比排斥的高新科技，如今已如呼吸一般简单自然。

我最后想要提出的一点建议是，追随自己内心的悸动。当你为某段故事、某个想法或是某种新的可能所深深吸引时，不要就这么一了百了。这是任何科技都无法带来的宝贵机缘，请不遗余力地为之燃烧生命吧。

哦，不要忘了，任何时候，笔记不能离身。

番外篇

如何打造有效的标签系统

我编写本书的目的在于为读者们推荐一种知识管理的全新方式，探索一条构建第二大脑并从中受益的有效路径，并提供一些个人知识管理领域相关的亮点介绍。

笔记记录是具体实践的出发点和回归点，包括信息的抓取、组织、提炼和表达，具体操作请参阅“信管法则”的相关章节。不过除此之外，我还经常收到一些关于如何运用“标签”的技术问题。

为此，我编写了一章番外篇，专门介绍如何基于“可行性”原则，为第二大脑打造一个高效的标签系统。虽然标签系统并非构建第二大脑的先决条件，但它带来了信息组织层级的进一步扩展，其作用会随着知识库的日益壮大而愈发凸显。

你可访问https://www.Buildingasecondbrain.com/bonuschapter以获取该章节的免费下载。

补充资源及指南

随着科学技术的日新月异，新应用、新平台如同雨后春笋般涌现，随之而来的是操作层面的不断进化。有鉴于此，我起草了一份《第二大脑资源指南》。作为一套持续更新的公共资源，该指南提供了有关最佳笔记应用程序、信息抓取工具以及其他实用程序的专业推荐，常见问题与回答，以及其他相关建议指导，希望对你的个人知识管理实践有所帮助。详情请访问https://www.buildingasecondbrain.com/resources。

致谢

直到手稿截止日后的几周时间里，我的这篇致谢仍然停滞不前。之所以一拖再拖，是因为这对我来说几乎是一项不可能完成的任务。一路以来，对本书的问世做出大大小小贡献和指导的人多如繁星，而我对他们给予我的关爱、力量和智慧所怀有的深深感激更是无以言表。无论怎样，我会努力让这份致谢尽可能充分地反映我的心声。

感谢斯蒂芬妮·希区柯克和门廊书店（Atria）团队，感谢你们为一个初出茅庐的作者以及他有些不着边际的想法打开了一扇机会之窗。本书之所以能够顺利出版，皆因你们慧眼独具，并全力以赴地将可能变成现实。感谢我的编辑珍妮特·戈德斯坦，你对我的遣词造句（有时还包括我本人）进行了严格指正，从而让本书的行文更加流畅和优雅，这是我个人的文笔所难以企及的。感谢我的经纪人丽莎·迪莫娜，你从项目伊始便参与进来，并在本书出版的整个过程中为我提供热心而亲切的指导。我期待着未来的日子里仍能与你合作。

感谢福特实验室团队及其扩展人员——贝瑟妮·斯温哈特、威尔·曼农、莫妮卡·里萨维、马克·柯尼希、斯蒂芬·泽恩、贝卡·奥拉森以及朱莉娅·萨克塞纳，是你们在幕后默默付出，维持项目的正常运转，克服各种困难挑战，并为相关理念在世界范围内的传播开辟了新路径。你们精益求精的态度和高度的社会责任感，令我无比激赏。期待今后继续与你们共事。

感谢比利·布罗亚斯帮助我找到一种更加有力的直抒胸臆的方式。感谢玛雅·P.林，你构建的视觉识别系统大大促进了相关课程的全球推广。感谢“笔名”（Pen Name）团队在我写作过程中提供的宣传支持。

我在业务（以及生活）上的打拼离不开智囊团的鼎力相助。如果没有你们的长期力挺，我一路以来所有的努力都将黯然失色。感谢大卫，与你在工作中的并肩作战是我职业生涯中最有意义的一项成就。感谢乔尔，你如同一枚定海神针，无数次在我濒临崩溃时帮助我稳定军心。感谢拉斐尔，你不但为我的课程和作品设计名称，还每每在我把自己逼得太紧时给我带来欢笑和曙光。感谢德里克，从很大程度上来说，我的写作缘由要追溯到咱俩十几岁时的某个晚上展开的一场关于技术和人类未来的畅聊。感谢你多年以来对我的种种异想天开给予的包容和鼓励，如今有些设想终于在我的作品中找到了归宿。

感谢所有的导师和顾问，是你们用点石成金的魔力，让我奇迹般地实现了人生逆袭。感谢文卡特什·拉奥，你将我引入了一个在线的思想世界，你寥寥数语间对我表达的公开支持和鼓励，成为我多年以来奋发图强的不竭动力。感谢戴维·艾伦，你是个人生产力领域研究的先行者，在信息处理和管理方面提出了大量有利建议，令我受益匪浅。

感谢凯西·费兰，你总是对我充满信心，还将我的作品带去公司帮忙募资和推广。你对我的信任超过了我自己，你对我的启发和教诲多年来一直萦绕在我耳边。感谢詹姆斯·克利尔抽出宝贵时间为我的写作指点迷津。感谢你在百忙之中对我这个菜鸟作者的关照，一番厚意让我无以为报。感谢乔·哈德森，你是我的良师益友，帮助我在自我表达的新征途上有效驾驭情绪波动。感谢斯里尼·拉奥，你不遗余力地支持我的工作，甚至还赌上了个人名誉。

感谢福特实验室的粉丝、关注者、客户以及学员。你们是信息抓取、组织、提炼和表达的主力军，是你们让“打造第二大脑”社区生机盎然。本书中的大量内容都提炼自多年以来从各位身上学习到的故事、策略以及技巧，它们已深深融入了我的思想中。你们是最终的评价者。你们通过参加课程、阅读作品以及对我的推文和书稿提出建议，不断为第二大脑的全球推广打开新局面。我从未想过自己的事业能够获得如此多人的认可、支持与关注，这简直就是一个奇迹。

最后要感谢的是我的家庭——我的力量、价值和快乐之源。感谢我的父母韦恩·福特和瓦莱里娅·瓦桑·福特，是你们悉心抚育我成长，是你们给予我多彩的人生体验，带我领略形形色色的文化、环境和人物。爸爸，你是我的榜样。在你的言传身教下，我学会了如何做一名正直而高尚的人，以及如何履行好一位父亲、丈夫和公民的职责。妈妈，你赐予了我坚强的意志和一副伶牙俐齿，以及耐心、慷慨、善良、自知等品质。你们倾注了毕生心血，成就了我的丰富人生。本书中的很多教案都源自孩提时代你们向我传授和示范的简易课程。感谢我的亲属卢卡斯、帕洛玛、马可、凯特琳和格兰特。你们是我最好的朋友和终身伙伴。每当我陷入迷茫、不知何去何从时，你们总会让我重接地气。我无比珍惜我们相处的每分每秒。

最后的最后，我要发自肺腑地感谢我亲爱的劳伦和凯奥，是你们让这一切变得有意义。劳伦，你扮演了我生命中几乎所有可能的角色——合伙人、导师、顾问，还有妻子和母亲。你总是在我最需要的时候担起责任、在最困难的时候施展才能、在最冒险的时候开拓创新，所有这些都是为了帮助我实现梦想。对我来说最欣慰的事情，莫过于陪伴和见证着你不断进阶为一位充满激情、无比真诚而又心胸开阔的女神。能够与如此优秀的你一路同行，我荣幸之至。凯奥，虽然你刚来到这个世界，但我已经离不开你了。你让我的生活变得更加丰富多彩、充满乐趣。我对你的爱也让我下定决心成为最好的自己。我无比希望本书能够为打造一个安全、充满人性关怀和乐趣的世界添砖加瓦，尤其是为了你们。

版权信息

书名：打造第二大脑

作者：【美】蒂亚戈·福特

译者：鲁申昊

出版社：民主与建设出版社·后浪

出版时间：2023年11月

ISBN：9787513942744

字数：117千字

Printed in the USA
CPSIA information can be obtained
at www.ICGtesting.com
LVHW080357130324
774228LV00009B/603